創新精神 × 標準化流程 ×

(Rose Wilder Lane)
蘿絲・懷德・萊恩 著
遲文成 譯

鋼鐵意志

亨利・福特的工業夢

引領全球機械產業的工業巨匠，名為「福特」的汽車帝國！

「只有對所有人都有好處的產品才是真正意義上的優良物品，不然的話，這樣的產品最終將會被世代所淘汰。」

普及大眾汽車、改革生產技術、推動運輸革命……
從底特律車庫到全球汽車巨頭，亨利・福特的機械工業傳奇！

目錄

目錄

目錄

前言

五十二年前（也就是 1863 年 7 月 30 日），密西根州格林菲德附近的幾戶人聽說福特家又誕生了一個孩子 —— 這是一個男孩，而且母子平安。他們給這個男嬰取名為亨利．福特（Henry Ford）。

二十六年後，底特律郊區的一戶人家聽說一個名叫亨利．福特的人在街角處建起了一座白色的小房子，並得知他當時正想著發明出某些東西。他足不出戶，始終在房子後院的那間老舊的小屋裡研究著一些莫名其妙的機械。有時，他整個晚上都在裡面工作。鄰居們都能從房子牆壁上的裂縫看到從裡面透出的光亮。

十二年前，大約只有六個人駕駛著福特汽車穿梭在底特律的大街上。當時的福特已經創辦了一間小工廠，工廠裡共有十多名機械工人，他們都在忙於購買一些器材。當時很多人都認為，這間小企業並不會有什麼大的發展與成就。

去年，也就是 1914 年 1 月 —— 美國人被福特工廠所釋出的一份公告震驚了，因為福特工廠決定將 1,000 萬美元分給一萬八千名員工，讓他們分享公司所獲得的利潤。此時的亨利．福特已經是百萬富翁了，全美國的人都在以敬畏的目光仰視著他。

前言

人類必須要有屬於自己的英雄，這樣的英雄能夠不斷鼓勵人們奮發向上，人類對英雄的渴望甚至要比滿足溫飽的需求更加迫切，要比抵禦寒冷與恐懼的念頭更加強大。在人類憑藉自己的雙手建造出房子與準備食物之前，就在腦海裡創造出了半神半人的東西，也就是「超人」的理念，這樣的超人處在一個比人類更高層次的位置，這些被創造出來的虛構形象要比普通人更加受到愛戴，要比一般人更加具有能量。我們將這樣的形象視為比自身更加偉大的東西，讓我們的內心始終充盈著某種充滿活力的力量，以防止這樣的理念被日常的生活瑣事與煩惱所破壞。

這樣的英雄形象能夠給人類帶來極大的心靈安慰，這同時也是我們最大的敵人。我們會像孩子一樣，緊緊牽著指引著我們前進的手，要是沒有了他的榜樣指引，我們就會覺得自己根本沒有能力奮勇前進，覺得若是沒有他的存在，我們就無法有所成就。民主理念的不斷發展都在不斷摧毀我們過去對英雄形象的觀點與既有思維，讓我們迅速地破舊立新。當科學的發展已經將朱比特（Jupiter）所具有的光環全部剝去之後，房地產業務已經將奧林匹亞高地（Olympia Heights）全部分割出售了，我們已經將過去的祭臺遺棄了，不會跪倒在皇權之下了。當我們持續地為自由抗爭的同時，就能夠將國王從原先的寶座上拉下來，但我們卻不能讓那個寶座始終空空如也。於是，我們建立了一個政府，並且勇敢地發出獨立宣言：「所有人生而平等。」雖然我們這樣說了，但我們卻並沒有真正相信這樣的理念。我們必須要利用手頭上的資源，去創造出屬於每一個時代的英雄人物。

因此，在過去二十五年裡，隨著商業時代的迅速降臨，我們已經打造出了一個當代傳奇商人的人生故事，一個成功者的偉大奮鬥歷程。

這些英雄人物從沒沒無聞中脫穎而出，最終名揚天下的傳奇故事，始終激盪著我們的心靈。就在昨天，他還是一個普通農民的兒子，一個辦公室的小職員，或是叫賣亞美尼亞鞋帶的小商販，但在今天，他就已經成為「半神半人」的英雄。難道我們的國家面臨著商業泡沫破滅或迅速衰退的危機嗎？但只要這些英雄人物在半夜與某些人物進行一場會議，他說了一句話，我們就可以得到拯救。當其他國家想要拯救糟糕的經濟形勢，尋求他的幫助時，他批准了這樣的鉅額貸款。

我們會以敬畏之心去仰視這樣的英雄人物。在英雄的一生裡，他努力讓自己成為一個在全世界都舉足輕重的人。在二十年的時間裡，他已經賺到了超過 1 億美元的財富。它就是這樣一個傳奇性的商業大廠。

我們很自然地將亨利·福特歸入到這類偉人的範疇內。但事實上，亨利·福特並不能被歸入這個範疇之內。他並不是一個傳奇式的商業人物，他只是商界裡一個大人物而已。

很多人都認為，那些大型企業的老闆或是高級主管要比普通員工高出數個等級，並且對待下屬都是持極為傲慢的態度。但是，亨利．福特卻不是這樣的人。他的偉大之處也正在於此。

當我們手中轉瞬之間擁有數百萬美元的時候，絕大多數人都會被金錢沖昏了頭腦，失去了原本的世界觀與人生觀，甚至就此沉淪。但是，亨利．福特卻始終保持著自己簡樸的人生觀與發展規畫 —— 他始終對人生以及人際關係保持著一種樸素的機械式觀點。他將所有人都看成是一部偉大機器的零件，要是有哪些零件出現問題或是受損的話，那麼這必然會讓整臺機器陷入無法正常工作的異常狀態。

「金錢對我來說沒有任何好處。」亨利．福特說，「我自己根本花不完這麼多錢。金錢本身是毫無價值的。金錢不過是一種媒介，就像電力一樣。我一直在想辦法盡快地將金錢花掉，讓金錢能夠帶給絕大多數人好處。任何人都不能只為了自己的利益而犧牲他人的利益，因為任何傷害別人的事情最終都會以相同的方式傷害到自己。」

亨利．福特的人生故事在上面的這番話中得到了最好的展現，這也是他得以打造出一個價值一億五千萬美元的國際性大企業的核心理念所在。

第一章：

夏日的一天

又是一個悶熱灼人的日子，這是美國東部地區在夏季最常見的天氣，此時的空氣似乎沉重地壓在讓人窒息的鄉村田野上空。農舍裡每一隻雞都在雞舍的陰涼處大聲地嘶叫著，張著嘴巴急速地喘著氣，想要找一個陰涼的地方避暑。

「這樣的天氣不會持續太久的。」威廉．福特（William Ford）在這天早上說，說完就用手輕輕地拍打著一隻大狗的背部，然後用繩子將牠繫好。「我們最好要趕在夜晚來臨前，將這些稻草全部蓋好。」

在湛藍的天空上，沒有一絲烏雲在飄蕩，但是農場裡所有的僱傭工都沒有質疑威廉．福特所說的話。威廉．福特是經驗非常老到的一位農民，他生活節儉，對天氣有著獨特的感知能力。在這個占地三百畝的農場中，每一處土地都被他精心照料，每年都能得到良好的收成。他養的羊群都很肥壯，他那個大大的紅色穀倉裡也裝滿了稻穀。他絕對不會讓鋪滿了十畝土地的乾梯牧草與三葉草被夏日的暴雨打溼。

他們在馬車上放置了一個很大的乾草架，然後扔下水壺，水壺裡面的水都是從廚房旁邊的水井裡打的。我們可以想像，這些僱傭工人在那裡工作，用力提著乾草叉將散發出三葉草味道的乾草扔到架子上。架子上還有一個突出的土堆，最年輕的那個人則忙著不斷清理著叉子上黏著的乾草。躲在乾草裡的蚱蜢一旦受到驚擾，就會從乾草裡氣呼呼地爬出來，最後躲進牆角的角落裡。

這些工人偶爾會停下來擦拭一下前額上的汗水，然後大口大口地喝著水壺裡的水，接著躲到草堆旁的陰涼處休息一會兒。接著，他們抬頭望了一眼天空，接著又拿起了乾草叉繼續勞作。

威廉·福特與這些工人一起工作，他們都非常努力地去完成這一天的工作，並且對自己的工作感到非常驕傲。威廉·福特是這座農場的主人，其他的工人都是他僱傭過來的。在密西根州的農場裡，衡量一個人能力的標準就是看他如何去做好自己的工作。在大城市裡，很多人都是彼此勾心鬥角的，努力爭奪著虛無縹緲的名聲。在農場裡工作，這樣的競爭其實就是人與自然之間的抗衡，因此每個人都必須要團結起來，齊心協力地將工作做好。此時，一片烏雲從西北天空飄過來，農場裡的每個人都鼓起了勁，準備趕在烏雲飄來之前將乾草整理好。

突然，他們聽到了農場裡的木屋中掛在一根柱子上面的鈴鐺所發出的叮噹響聲，這個鈴聲一般是在晚飯時間叫人回來吃飯，或是發生緊急情況的時候才會響起來的。農場裡的每個人都停下了原本的工作。此時只是上午十點鐘而已，接著，他們都看到了穀倉大門附近有人揮舞著一條圍裙，威廉·福特於是放下了手中的乾草叉。

「我先走了，你們繼續把乾草弄好！」他回頭對工人們說道，此時他已經一個箭步躍過了稻田中的樹樁。工人們望著他的背影目送他離開，接著又慢慢地投入到工作當中。因為他們的老闆不在這裡了，因此他們工作的速度慢了下來。幾分鐘之後，他們再次放下手中的工作，發現威廉·福特匆忙地跑出大門，接著騎上一頭母驢，不斷催促著驢子快點跑。

「他肯定是去找醫生了。」工人們都這樣猜測著。他們趕在下雨前裝好了幾車乾草，最後才發現豆大的雨點劈里啪啦地打在草帽上，在乾燥的草地上發出讓人愉悅的沙沙聲。接著，他們跳上了只裝了一半乾草的車子，駕駛著馬車回到了農場裡的那個大穀倉。

他們在昏暗的穀倉裡慵懶地坐著，透過一扇寬闊的大門看到了灰色的雲層正在飄灑著雨滴。此時，醫生已經趕到了農場，其中一個人解開了套在馬匹上的繩子，將馬牽入了馬廄，而另一個人則從屋舍下面推出一輛小車。午飯時間到了又過去了。房子裡依然沒有出現什麼動靜，這些工人也沒有進入房子裡觀看。偶爾，他們會緊張地發出一陣短促的笑聲，談論著他們最後沒能將三車乾草都弄好，這實在是說不過去的。不過，已經收拾好的乾草的重量也足足有四噸。

在下午兩點的時候，之前的傾盆大雨漸漸變成了濛濛細雨，烏雲也漸漸消散了，一縷陽光穿過雲層照射到大地上。之後，威廉·福特從房子裡走出來，穿過溼漉漉的院子。他的臉上露出了一絲笑容。他說：「母子平安，是一個男孩。」

我相信，當這些工人聽到福特的這番話之後，他們肯定會從地窖裡拿出一桶甜蘋果酒，共同慶祝這個快樂的時刻。我知道當他們用帶有歉意的口吻向福特表示，還有一些乾草沒能全部被運回屋內而被淋溼時，福特也會發出一陣爽朗的笑容，只是要求他們應當做好自己的既定工作而已。

「福特，你準備給這個孩子取個什麼名字呢？」一位站在蘋果酒桶旁邊的工人問道，他一邊說，一邊用手擦拭著嘴角上的酒漬。

「我的妻子已經給孩子取好名字了 —— 亨利。」他說。

「嗯，他肯定能夠在密西根州擁有屬於自己的一片農場。」工人們紛紛表示。威廉．福特對此不置可否，但他肯定會用一種相當自豪的眼神遙望著眼前這一片綠油油的田野，想到這個剛出生的孩子以後再也不必擔心缺乏必要的生活用品了。

亨利是威廉．福特與利特格特．福特（Litogot Ford）的第二個兒子，利特格特．福特是一位充滿活力且非常健康的荷蘭女子。當小亨利剛剛學會站立，在房子裡踉踉蹌蹌地蹣跚學步，或是剛學會在牧場裡散步時，他的妹妹瑪格麗特（Margaret Ford）出生了。在四歲之前，亨利還沒有一條真正屬於自己的褲子，這時他的弟弟又出生了。

家裡此時已經有了四個孩子，他們都需要食物、衣服、接受教育、得到愛護，同時還要注意看管，以避免他們因為貪玩而在農場裡遭遇各種危險。這其中所包含的許多瑣碎之事，足以讓任何一位女性的心靈與雙手都無暇顧及其他事情了。但對於一個能夠操持這麼龐大家庭的母親來說，她還需要去做更多瑣碎的工作。

對瑪麗·福特（Mary Ford）來說，她需要將牛奶脫脂，以便製作出奶油與乳酪，還要照看家禽與花園，平時還有縫紉衣服的工作，在忙完這些工作之後，她還要精細加工這些縫製出來的棉被，然後用手將其縫製成水波紋形或是扇形。僱工的飲食也必須要做好 —— 在豐收時節，大約有二十到三十名工人在農場裡工作，因此她必須要製作好醃菜、果醬、果凍、甜蘋果酒、醋等食物，然後將這些食物儲存在地窖的貨架上。當他們在秋天將豬殺死之後，他們就會將其做成香腸、肉凍，並將豬腿加以醃製，做成火腿，或是滷肉、煙燻肉。除此之外，她還要準備好洋蔥、胡椒等調味食材，儲存在閣樓裡的某個地方。每天的麵包、蛋糕以及派都必須要烘烤好。在這麼忙碌的生活中，她還能將這個家打理得井然有序，這可以說是非常不容易的，這也是密西根州農場中的女子所引以為傲的能力。

瑪麗·福特能以非常高效的方式去做好這些事情，將這個家各方面的事務都做得井然有序，正如她的丈夫威廉·福特也會為自己將農場經營得井然有序而感到驕傲一樣。有時，她還能騰出一些時間去走訪鄰舍，拜訪一下自己的朋友，照顧那些生病的人們，幫助鄉里中那些需要幫助的人。她總是非常關心孩子們的健康狀況及其行為舉止是否符合規矩。

亨利·福特就是在這樣的環境下成長起來的。他漸漸成為了一個精力旺盛的人，對任何事物都充滿了興趣。他與一隻雄性火雞之間的趣事要是被記錄下來，一個章節都不足以記錄完畢。當他年紀稍大一些的時候，一位僱工讓他坐在農場的一匹高頭大馬的背上，帶著他騎馬遊覽整個農場。或許，在那個時候，年幼的福特會被父母允許喝上幾口帶有刺激性的醋酸飲料，就像每一位在豐收時節在農場裡工作的工人所做的那樣。很快，福特就熟悉了農場裡的每一個角落，並且就從草堆上面往下滑的這個問題，與自己的父親產生了一些分歧。在冬天的時候，福特會裹著針織圍巾，套著母親為他做的露指手套，與他的兄弟姐妹們在雪地中玩上整個下午。

周圍的事物當中，福特最喜歡的就是「商店」，此時鐵匠鋪已經完成了他們所需要打造的各種工具，此時往往正在磨礪加工一些工具。當外面的天氣很糟糕的時候，福特的父親或是其他家人就會點燃熔爐裡的木炭，亨利則負責用力拉著風箱，直到熔爐裡面的火焰熊熊燃燒起來，鐵在熾熱的火焰中被燒成白色。接著，鐵匠們用錘子敲打那些放在鐵砧上的被燒紅的鐵胚，濺起了陣陣火星。接著，鐵匠根據鐵的形狀加以塑造，而亨利則懇求對方允許他也來試一試，並且表示自己只試一次就可以了。當然，鐵匠允許他用一把較小的鐵錘去敲打。

時光就這樣慢慢地溜走了。在亨利十一歲的時候，發生了一件對他來說非常重要的事情——雖然這件事本身在旁人看來是微不足道的。但直到今天，亨利依然還清晰地記得童年時發生的這件事。

第二章：

修理一隻手錶

亨利・福特對童年第一件記憶深刻的事情發生在他十一歲那年春天的某個週日。

對當時的一般家庭來說，週日當然是一個應該去教堂進行禮拜的日子。孩子們要穿著刻板的衣服，而大人們也不情願地穿上硬性要求的正式服裝。早上，他們駕駛著馬車，穿著的外套在陽光下閃閃發光。最後，他們將馬車停下來，拴好馬匹，一家人就這樣走進教堂。威廉・福特與瑪麗・福特都是虔誠的基督教徒，亨利就是在這樣的家庭環境下成長的。雖然在當時以及之後的人生裡，他都對到教堂做禮拜沒有表現出多大的興趣。

當時的亨利・福特坐在教堂裡，觀察著教堂裡進行的許多宗教儀式，看著小小的教堂坐滿了人，意識到自己所穿的衣服帶給自己的束縛感，因此他表現得有些不耐煩了。他想著教堂外面那春天的鄉村景色是那樣美好，覺得待在無聊的教堂裡是浪費時間。直到今天，亨利・福特依然沒有改變自己的這種想法。

「宗教與其他東西一樣，都應該處於不斷運轉更新的狀態之中。」他說，「我覺得沒有必要將太多的時間與精力浪費在研究天堂與地獄的區別的問題上。在我看來，每個人都能夠創造出屬於自己的天堂與地獄。所謂的天堂與地獄，不過就是我們內心想法的真實呈現。」

就是在這個星期天的早上，亨利表現出了前所未有的叛逆心理。這是他被允許脫下靴子與襪子，準備迎接夏天的第一個週末，亨利與其他所有的鄉村男孩一樣，都對「赤腳走路」充滿了熱情。現在，讓他那雙感到無比自在的腳趾重新被套在這雙局促的皮革鞋裡，這讓他感到非常憤怒。他用手扯動著白色的袖口，以此來表達自己的憤怒之情，他還用手拍打著他母親告誡他應當時刻保持乾淨的外套。亨利並沒有對母親的告誡感到不滿，只是坦率地表示，他討厭這樣的星期天，希望自己以後再也不要前往這裡了。

亨利的父母與家裡的四個孩子還是會照常前往教堂做禮拜。在停放馬車的地方，威廉・福特將馬匹拴好，然後就走進了教堂。此時，他們遇到了鄰居貝內茨一家人。威爾・貝內茨是一位與亨利年齡相仿的小朋友，他在另一輛馬車上向亨利問好。

「嘿，亨利，過來這裡吧。我有一個你從來沒有見過的寶貝。」

亨利匆忙地走到馬車附近，想要看看這個寶貝到底是什麼——這是一隻手錶，一隻真正意義上的手錶，這個手錶就像是他父親戴的那個手錶那樣碩大與閃亮。亨利用充滿敬畏的眼神盯著這隻手錶，接著他的眼睛裡又流露出羨慕的神色。這是屬於威爾自己的手錶，這是他的祖父送給他的。

亨利與威爾勾住手指發誓說，自己一定會歸還這隻手錶的。之後，威爾就將這隻手錶拿給亨利進行仔細觀看。亨利的臉上隨後露出了笑容。

「這個手錶沒什麼大不了的。」亨利用輕蔑的口吻說，「這隻手錶現在都不能轉動了。」與此同時，一個讓他著迷的念頭進入了他的大腦 —— 他一直想要看看手錶內部的結構。

「我想我能夠為你修理好這隻手錶。」福特說。

幾分鐘之後，當瑪麗．福特出來找尋亨利的時候，卻發現亨利已經不見蹤影了。威爾也不知去哪兒了。在教堂的禮拜儀式結束之後，這兩人還是沒有出現。此時，兩家的父母都感到非常焦慮，於是分頭去尋找。但是，他們儘管進行了多番的找尋，都沒有找到威爾與福特。

威爾與福特此時正在貝內茨的農場「商店」裡忙著修理手錶的工作。因為他們當時找不到足夠小的螺絲刀，於是亨利就依靠利用銼刀去銼一個大瓦楞釘來將其加工成一把小螺絲刀。接著，他就開始投入到修理手錶的工作中，最後將手錶裡面的每一個螺絲釘都取出來了。

亨利將整個手錶都拆散了，這讓身旁的威爾感到非常惱怒。手錶裡面的齒輪被取下來了，發條也被拿出來了。總之，之前那個看上去很精緻的手錶現在變成了一堆亂七八糟的零件，這足以讓任何一個小孩子感到異常憤怒。

「現在，你看看你做的『好事』吧。」威爾大聲地喊道，他的情緒介乎於對自己的手錶遭受如此命運的憤怒，以及對亨利的勇敢表達讚嘆之間。

「你之前說，你能夠將這些零件全部裝上去。」站在亨利旁邊的威爾在接下來幾個小時裡不斷地在他耳邊說著這句話。

吃飯的時候到了，威爾回想起週日這一天家裡會有烤雞、餃子、布丁、蛋糕等美食，就越發感到焦躁不安了。但是亨利卻能夠透過自己所展現出來的熱情讓他繼續待在那裡。整個下午漸漸過去了，亨利依然專注於研究這些讓他著迷的齒輪與發條。

最後，當無比憤怒的父母找到他們的孩子時，亨利穿的那身衣服已經變得髒兮兮的，他的雙手與臉龐都很髒，但是他卻能正確地將絕大多數螺絲釘都放回去。他充滿熱忱地表示，要是大家能夠讓他繼續專注於修理手錶的話，那麼他很快就能讓這隻手錶運轉起來。

在那個時候，家庭自律是非常嚴格的。毋庸置疑，亨利最後遭到了懲罰，但他現在並不願意回想起這方面的記憶。真正讓他記憶猶新的是他對研究鐘錶與手錶時所感到的激情與喜悅。在接下來幾個月裡，他已經將所能夠看到的鐘錶全部拆卸開來，然後重新組裝好，當然他父親的手錶除外。

「家裡的每一個鐘錶裝置看到我之後，都會感到渾身發抖的。」亨利說。但是他在當時所掌握的知識對他日後的發展是非常有用的。在他十六歲的時候，他就面臨著一個人要在底特律獨立生活的問題。

在那些日子裡，農場生活對亨利來說並沒有什麼吸引力。對一個十二歲左右的男孩子來說，在當時的農場每天都有很多瑣碎的雜務需要去做，任何一點精力都要投入到去做有用的事情上，至少在大人們看來是這樣的，但亨利顯然並不完全認同這一點。晚上，他要趕著羊群回欄，將雞棚裡的木盒裝滿水，還要去拴馬匹，學會擠奶與劈柴。他回想起當時自己之所以反對去做這樣的工作，主要是因為這些雜七雜八的事情會打斷他在「商店」裡所做的有趣事情。他喜歡擺弄工具，想要發明出一些東西。這些雜七雜八的瑣碎事情每天都只是前一天的重複而已，根本沒有可能創造出任何具體的東西。

在冬天的時候，他回到了當地的學校，每天要在積雪的路上來回步行兩公里，但他卻非常享受這個過程。他並不是非常在意學校裡所學到的知識，雖然他在學習上的成績還是不錯的，他也經常會幫助其他學生去「解決他們遇到的一些學習難題」。對他來說，算術是一件很簡單的事情。當時的他已經開始逐漸培養起了關於機械的思維模式。

「我與老師的關係始終都保持得很不錯。」他現在回想起來時，依舊雙眼發亮，「我覺得自己當時在學校裡都是非常順利的。」他並不是那些在人際關係中無端製造矛盾的人，不會無緣無故地浪費自己的時間，而是想著將更多的時間投入到自己想要製作的機械上面。他與學校裡的每個人「都相處得非常好」。在需要他努力學習的時候，他也能夠認真學習。

由於亨利受到了其他學生的歡迎，因此他漸漸成了學生們的領袖。在他的帶領下，格林菲德學校見證了一些有趣的事情。與所有的學生一樣，亨利也非常喜歡玩耍，但是因為他身上遺傳有祖輩遺留下來的節儉基因，因此他想要在很短的時間做好一些事情。經過努力，亨利真的在很短的時間內就將游泳、滑雪以及其他諸多運動形式的技巧都掌握了，但是他又想，為什麼要學習這些東西呢？他想要去做一些其他的事情。對他來說，耗費整個下午去打一顆球，這似乎是一種極為愚蠢的消遣方式。

於是，亨利在學校的運動場建造了一個可以生火的熔爐。秋天的時候，他與同伴們利用下課與中午的時間在這裡燒東西。他們利用一根吹風管將能找到的瓶子及碎玻璃都熔化掉，然後他們再重新將這些熔化的玻璃按照不同的形狀重新進行塑造，製作出他們心目中理想的器物樣式。亨利還想出了一個在學校旁邊的小溪上築壩的計畫。他召集了學校裡的一幫忠實的夥伴，並將他們分成若干個小組，在每一個小組當中都指派了一個組長，然後迅速地展開起築壩工作。最後他們讓溪水淹沒了兩畝馬鈴薯地，此時，憤怒的農民才知道他們到底做了些什麼事情。

但這些無聊的把戲雖然能在一時之間吸引他的注意力，卻無法長期滿足他的想像力。亨利已經開始夢想著去完成更加複雜與偉大的事情。他想著，有一天，自己要成為一名引擎工程師。當他看到龐大的黑色引擎推動著火車在密西根的農場上咆哮著前進的時候，他看到了一位穿著工作褲，被煤煙燻黑的人正在奮力調整著節流閥。他就希望自己有一天能夠成為這樣的人。

就這樣，亨利在戶外度過了自己忙碌卻又快樂的大半童年時光。亨利的臉上長出了雀斑，在游泳池裡經常游泳，讓他的鼻子與脖子都被晒黑了，他經常赤腳穿梭於黑莓灌木叢中，這也讓他的雙腳被擦傷了。他學會了如何駕駛馬車，知道如何去使用乾草叉與鋤頭，知道了如何磨礪與修理農場工具。「商店」則是農場裡最讓他感到有趣的地方，他可以在那裡研究與製造出某個能夠自動關閉大門的裝置，這可以讓他不用從馬車上下來就能開門。

在他十四歲的時候，一件突然的變故無疑徹底改變了他的人生軌跡 —— 他的母親瑪麗．福特去世了。

第三章：

第一份工作

瑪麗·福特去世之後，整個家庭的凝聚力也隨著她而遠去了。她的兒子們都說：「整個家就像是一個沒有了發條的鐘錶。」威廉·福特盡了最大的努力，想要像瑪麗·福特那樣無微不至地照看這個擁有四個孩子的龐大家庭，最終卻收效甚微。

在接下來的一段時間裡，已經結婚的一位阿姨過來幫忙操持家務，但是她也有自家的事務要忙，因此很快也就回去了。接著，亨利最小的妹妹瑪格麗特挺身而出，接手負責整個家庭的大小事務，努力將整個家打理得井然有序，還要負責監督那些比自己年齡大很多的僱工工作。她在這方面「很能幹」——這個當時新英格蘭地區剛剛開始使用的詞語要比「有效率」這個詞能表達出更加豐富的內涵——即便如此，任何人也無法取代瑪麗·福特之前在家裡的地位。

此時，已經沒有任何人可以阻止亨利下定離開農場的決心了。他已經掌握了做農場工作的全部方法，農場的雜務已經無法帶給他任何吸引力。之後，他所做的每一件工作都只不過是之前那些事情的重複。他的父親也不需要他給予多大的幫忙，因為僱傭工人就可以將這些工作做好。我想，威廉·福特對自己的第二個兒子的陪伴心理應該是難以言表的。在有關情感表達的方面，他們這個家庭是比較內斂的。此時，亨利覺得自己在農場的「商店」裡已經學不到任何值得學習的新東西了。他在這裡研究的最後一個成果就是製造出了一個小型的蒸汽引擎。

他是按照一些圖片以及自身的天賦製造出來的。他製造了屬於自己的設計樣式，按照自己的想法去進行鑄造，獨立負責各種機械方面的工作。

他所採用的材料只不過是一些廢鐵，還有一些廢舊的掛車輪胎，以及從鐵耙上脫落下來的碎鐵 —— 總之，將任何能夠找到的材料充分利用，他為此付出了大量的努力。當這臺引擎被製造出來之後，亨利將該引擎安裝在臨時改裝而成的底盤上，這是他從一輛老舊的農場馬車上切割下來的，然後再連線到一側的輪子旁邊，這就像是一個引擎傳動類型的裝置，上面還加了一個汽笛，發出來的聲音讓幾里之外的人都能夠聽到。

他製造出來這件機器之後，會用驕傲的眼神看著眼前的成果。他坐在控制節流閥的位置，聽著引擎發出震耳欲聾的呼呼聲，他駕駛著這輛機械馬車在草地上來回走動，馬車的最大時速約在每小時十英里左右。馬車發出的聲音讓草地上的每一隻羊都驚慌地散開了。在完成了引擎的製作之後，這個引擎不知因為什麼原因並沒有讓他感到滿意。也許，這主要是因為這臺引擎的發明沒能得到身邊人的歡呼與讚嘆，這讓他感到很失望。

在他十六歲那年的冬天，他如飢似渴地閱讀著科學方面的期刊。他得知底特律那邊有龐大的鋼鐵工廠，還看到了他長久以來始終想要操縱的機器的圖片。

第二年春天，當積雪開始慢慢融化，每一縷吹過田野的春風似乎都在帶來某些全新的東西。一天早上，亨利還是像往常那樣出發去上學，但他卻沒有再回來。

底特律距離格林菲德只有幾里路。亨利在那天早上乘坐火車前往底特律，而他的家人都還以為他在學校上學呢，他的老師在他的點名冊下面寫下了「缺席」的字樣，但他對這些已經毫不在乎了 —— 他已經下定決心準備開始獨立生活。

他之前就已經去過好幾次底特律了。但這一次，這座城市在他眼中又有了完全不同的印象。他之前來這座城市的時候，還覺得底特律似乎充滿了節日的氣氛，但是現在這座城市卻顯得那麼冷酷與忙碌 —— 也許，生活在這座城市裡的人是過分忙碌了，以至於他們根本沒有在意這位想要找尋工作的十六歲少年。

儘管如此，福特還是歡快地吹著口哨，振奮自己的精神，迅速與大街上熙熙攘攘的人群擦肩而過。他知道自己想要什麼，因此他需要直接去找尋自己想要的工作。

「我總是知道應該努力去得到自己想要追求的東西。」他說，「我記得當時的自己並沒有任何的自我懷疑與恐懼。」

在那個時候，詹姆斯 · 弗勞爾 (James F. Flower) 的工廠與公司是製造蒸汽引擎及其相關配件的，這是底特律規模較大的工廠之一。這間工廠僱傭了超過一百名員工。很多喜歡吹牛的人都會驕傲地用手指著這間工廠製造出來的東西，表示這是自己生產出來的。

亨利．福特整個人都顯得非常健康，邁著穩健的步伐。當他走到這間工廠的時候，內心充滿了激動之情。他之前已經在期刊裡看到過有關這間工廠的介紹，並且還看到了一幅相關的圖片，但是當他親眼看到這間工廠的龐大規模以及大量的機器與工人時，還是難掩內心的激動。他對自己說，這才是真正的大工廠。

過了一會兒，他詢問一位在他身旁工作的員工，想知道到哪裡可以找到領班。

「就在那裡 —— 那個穿著紅色襯衫的大塊頭就是。」這位工人回答說。亨利匆忙地走到領班面前，表示自己希望能夠得到一份工作。

這位領班看了一眼福特，發現這是一個身材瘦高，但體格結實的農村少年。我們可能會覺得，這樣的少年並沒有什麼特別之處。但是領班並沒有急於做出回答，而是看了一眼福特那雙堅毅的眼睛，覺得這是一位有一定能力的少年。因此，他隨後又仔細打量了一下福特，詢問了兩三個問題，突然想起工廠最近獲得了一個大訂單，目前正缺人手。

「好吧，你明天過來上班吧。我要看看你到底能做些什麼。」領班說，「你每週的薪水是 2.5 美元。」

「好的，先生。」亨利立即回答。但還沒等福特說完，領班就已經轉過身，將他拋諸腦後。此時的亨利還對自己的好運氣感到不可思議，趁著領班還沒有改變主意前就走開了。

走出工廠，外面的陽光灑在他身上。於是，他就將帽子戴在頭上，雙手插在口袋裡，一隻手在褲袋裡撥動著銀鈴，發出叮噹的響聲。興高采烈的福特在大街上一邊走，一邊吹著口哨。在他看來，這個世界似乎是一個非常美好的地方。現在，他成為一名機械工人了，並在詹姆斯·弗勞爾的工廠裡找到了一份工作。

他的面前正展現出一個光明的未來。他懷著遠大的抱負，並不想一輩子只是當一名機械師。等有一天，他掌握了所有關於製造蒸汽引擎的知識之後，那麼他就會親自去駕駛一部由蒸汽引擎驅動的車輛 —— 他想要成為一名引擎工程師。

與此同時，雖然解決了工作的問題，福特還依舊面臨著食物與住宿等非常實際的問題，這些問題都是他必須要立即去思考與解決的。但是，福特並不是那些將時間浪費在對未來無盡幻想當中的人，他想要立即回到現實生活中來，一步步地去實現自己的夢想。他計算了一下自己身上所帶的金錢，差不多還剩下 4 美元左右，每個星期可以拿到 2.5 美元。想到這點之後，他就出發去找尋一個能夠接受的寄宿之地了。

2.5 美元的週薪並不是一筆很多的收入，即便是在物價低廉的 1878 年也是如此。亨利花了很長時間去找尋一位願意將房子租給一位只能支付極低廉房租的十六歲少年的房東。在傍晚的時候，他找到了一位房東，這位房東猶豫了一下之後，決定將一間房子租給福特。接著，福特跟著房東來到了一間又小又髒的房子前，但福特最後決定不要住在這裡。於是，他再次來到了大街上。

此時的亨利面臨著一個嚴重的大問題。他的收入這麼低，該怎樣去維持生計呢？顯然，他的心靈就像是一臺機器那麼精準與堅強，他選擇面對這個艱難的問題。

「當你的合理開支已經超過了你的收入，那麼你就要努力去增加自己的收入。」就是這麼簡單的道理。他知道當自己在工廠下班之後，他還會有幾個小時的空閒時間，他就當機立斷地決定利用這段時間去賺錢，事情的解決就是這麼簡單。

他回到這天早先時候曾看過的一間乾淨的房子，提前支付了一個星期共 3.5 美元的租金後，隨後吃了一頓可口的晚餐，接著就上床睡覺了。

第四章：
刻板的日常生活

與此同時，在格林菲德，福特一家人感受到的只是無盡的忙碌，而沒有什麼憂慮之情。亨利並沒有及時回家幫忙做家務。直到晚餐時間到來之後，還不見福特的蹤影，瑪格麗特此時才覺得福特可能是遭遇了一些可怕的事情。

於是，他們就派一名僱工前去學校詢問。他回來之後表示亨利並沒有在學校。接著，威廉·福特本人駕駛著馬車到鄰居去探望，想要找尋自己的兒子。亨利是一位有點內向的人，平時生活比較獨立，因此他沒有將自己前往底特律的這件事告訴任何人。在這天晚上，威廉·福特在百般調查後才終於得知自己的兒子已經乘坐火車前往底特律了。

威廉·福特了解自己的兒子。當他發現亨利選擇獨自離開農場之後，他只是用冷漠的口氣對瑪格麗特說，亨利應該懂得照顧好自己，因此沒什麼可擔心的。但在接下來的兩天裡，他們都沒有收到有關亨利的任何消息，於是威廉·福特終於按捺不住，決定乘坐火車前往底特律去找尋亨利。

這兩天對亨利來說，可以說是讓他充滿興趣的兩天。他在機械工廠裡的工作時間是從早上六點到下午六點，期間是沒有什麼休息時間的。他在熔爐旁邊工作，負責製造鑄件，組裝機械零件。這樣的工作讓他感到快樂。工廠裡沒有農場那樣的雜事以及學校的各種作業來打斷他對機械的深入研究。他在每個小時裡都能學到有關蒸汽引擎的全新知識。當蒸汽引擎停止運轉，發出的呼呼聲隨之消失，工人們都放下手中的工具時，亨利才會依依不捨地離開工廠。

雖然白天已經工作得很辛苦了，但是亨利還需要想辦法去額外多賺 1 美元。在上班的第一個晚上，吃完晚飯後，他就匆忙地開始找尋一份夜間的兼職。在這個時候，他從未想過要去做一件與機械毫無關係的工作。他是一位狂熱的機械「粉絲」，就像那些對壘球非常狂熱的人一樣，他喜歡研究的是機械方面的問題。擊打壘球從來都不是他的興趣所在，「製造某些可以運轉的東西」，這才是真正能給他帶來快樂的事情。

與機械相關的商店在晚上是不營業的。亨利回想起自己以前在農場進行的那次最終無功而返的鐘錶實驗經歷，就想到要找一位鐘錶匠，然後懇求他給自己一份晚間的工作。他不斷地找尋著鐘錶匠，但是這些鐘錶匠都表示他們並不需要助手。當所有的鐘錶匠在晚上關門之後，他只能回到自己租住的房間裡。

第二天，他繼續在詹姆斯·弗勞爾的工廠裡工作。在晚上的時候，他繼續出來找尋是否有需要人手幫忙的鐘錶匠。第三天的傍晚時分，亨利的父親找到了他。因為威廉·福特知道亨利的興趣，因此他之前一直在底特律的各個機械工廠裡找尋兒子的身影。

他找到了那位領班，領班就將福特帶出來。父子之間發生了一場爭論。威廉·福特還是依靠著父親的威嚴，用嚴厲的口吻對亨利說，他必須要回到學校上學。但是，在真正的機械工廠裡工作了兩天的亨利對回到學校上課的要求表示嚴正反對。

「去那種老式的學校學習有什麼意義呢？我想要學習如何製造蒸汽引擎。」亨利說。最後，威廉・福特看到繼續這樣爭論下去也沒有意義。事實上，在那個時代，威廉・福特肯定是一位非常講理的父親。倘若他不跟亨利講理的話，那麼他只需抓著亨利的耳朵，直接帶他回家就可以結束一切爭論，直到他再次成功逃出來。在 1878 年的那個時代，密西根州絕大多數的父親在這樣的情形下，都會選擇這樣做。

「既然這樣，那好吧，我可以讓你繼續你的冒險。你知道你隨時都可以回家。」威廉・福特說，最後他一個人回到了農場。

現在，亨利只能靠自己的努力在這座城市裡生存了。現在的他面臨著每週需要額外賺 1 美元的任務，這樣的想法每天都猶如千斤重擔般沉重地壓在他的心頭。每天下班之後，他都會出去找尋一份夜間工作。在支付第二週的房租之前，他必須要找到這樣的工作，否則他將面臨流落街頭的困境。最後，他終於找到了一位需要幫助的鐘錶匠，他願意每週支付給他 2 美元的薪水，但相應的，他需要在每個晚上工作四個小時。

這兩份工作加起來讓亨利每週還有額外的 1 美元可供自由支配。這讓當時的亨利覺得自己簡直是一位非常富有的人。

「我從來都不知道該以怎樣的方式去花掉這 1 美元。」亨利・

福特說，「我覺得這多出來的 1 美元真的是沒有什麼用處。我的住宿與生活費都夠用，我穿著去上班的服裝也沒有破爛。在我的日常基本生活開支之外，我真的不知道該拿這些錢去做什麼。要是我花掉了這 1 美元的話，那麼這必然會帶給我一定程度的傷害。任何一個理性的人都知道絕對不能這樣去做。我可以大膽地說，金錢是這個世界上最沒用的東西。」

亨利·福特的生活似乎陷入了一種完全按部就班的狀態，但他對這樣的狀態感到非常滿意 —— 這樣按部就班的生活狀態大約持續了九個月。他每天在早上七點的時候起床上班，一直在機械工廠裡工作到下午六點鐘，而在晚上七點到十一點這段時間裡，他則是在鐘錶店裡拿著放大鏡，負責修理手錶零件，並將其裝配起來。在忙完了這些工作之後，他就會回到家，躺在床上好好地睡上六個小時，接著又重新以飽滿的熱情投入到新一天的工作中去。

日復一日，每一天似乎都是前一天生活的重複，只是除了身邊的每個人都在教會他有關機械的新知識 —— 這些都是與蒸汽引擎或是手錶相關的知識。他晚上上床睡覺，早上起床，草草地吃上一頓早餐，接著就按照正常的工作時間去上班，每天的生活流程幾乎都完全一樣，過著幾乎是毫無變化的生活，從自己租住的房屋到機械工廠，再到鐘錶店，接著又回到自己晚上租住的房屋。

沒過多久，亨利·福特就發現自己可以將這剩下的 1 美元用於購買專業的技術期刊 —— 這些期刊有的是法語期刊、英文期刊或是德文期刊，這些期刊的內容都是講述專業的機械方面的內容。每天晚上，當他從鐘錶店下班回家之後，都會利用閒暇時間閱讀與學習。

可以說，幾乎沒有多少個只有十六歲的少年能夠忍受如此單調且沉悶的生活，加之這樣的生活需要我們付出如此巨大的耐力與毅力，同時還要努力做到不讓這樣單調而沉悶的生活損害到自身的健康。但是，亨利·福特卻擁有著一個所有偉大人物的共同特徵 —— 這就是看上去取之不盡，用之不竭的旺盛精力。他從小就是一個喜歡戶外運動的活躍男孩，農場的生活已經為他累積了足夠優秀的體能，因此他內心的興趣就能提供給他強大的精神力量。當時的他想要學習與機械相關的一切知識，這就是他想要實現的目標。他從來都不會被其他外在的衝動或是對所謂生活品味的追求而迷失對這個目標的追尋。

「消遣娛樂？不，我從來都沒有什麼消遣娛樂的活動或是去那樣做的打算。我根本不去想所謂的消遣娛樂活動。」亨利·福特說，「其實，消遣娛樂有什麼存在的價值呢？這只不過是在浪費我們的時間。我從自己的工作中得到了巨大的快樂，我還需要什麼消遣娛樂活動呢？」

亨利·福特極度沉迷於心中的這種想法。

在短短幾個月的時間裡，他已經熟練掌握了建造蒸汽引擎的所有精密的技術細節。詹姆斯．弗勞爾這個龐大的工廠裡的每一臺機器旁的數百名機械工人都知道了亨利．福特這個人。現在，在亨利．福特的眼中，之前這些看上去龐大的機器似乎一下子變得渺小起來。他已經開始能夠發現這些機械所存在的一些不完美的地方，並對這些不完美的地方感到非常不滿。

「你看這裡。」一天，亨利．福特對身邊一起工作的同事說，「在這裡，誰也沒有想過要對此進行改進，以求避免多出一道毫無意義的流程。正因為這樣不完美的存在，我們在組裝這些引擎的時候，浪費了許多時間與材料。你看那邊的活塞桿只能建造成那樣的形狀，這往往與事先準備好的氣缸是完全不相稱的啊。」

「哦，你說的對。我想我們只能在此基礎上努力做到最好。」旁邊的同事說，「使這兩個零件吻合起來其實也不需要耗費太長的時間。」在一八七〇年代，這正是很多工廠在對待機械方面所採取的「樂天派」思維方式。

很多員工都需要加班來滿足領班內心一時的衝動，或是因為訂單的突然猛增所帶來的暴增的工作量。在這個過程中，很多機械的零件都產生了損害，很多零件都被丟棄在一邊，很多原本不相吻合的機械零件還需要重新打磨才能使用。工廠的角落裡堆放著許多因為打磨而產生的鐵屑。為了完成下一個訂單的生產進度，有時不得不要將很多半成品丟棄掉。要是站在今天的產業標準來看的話，當時工廠的加工製造方式絕對可以說是非常落後及暴殄天物的，因為每當機械運轉起來時，都會造成時間與勞動力的巨大浪費。

當亨利・福特在工廠內部從一個職位轉移到另一個職位，以便臨時去幫助其他忙得不可開交的工人及時完成生產進度時，或是需要製造出某個急需的工具時，他知道自己的時間其實已經被浪費掉了。他內心深處的節儉本能對此感到深惡痛絕。他的腦海裡充斥著許多這樣的畫面，那就是能夠在機械正常運轉時，每一個步驟都被計算得非常精確。他知道現在機械工廠的運作方式肯定是存在著諸多嚴重漏洞的。

他開始對目前的這份工作感到越來越不滿了。

第五章：

萌生了標準化工業生產理念

當亨利·福特在詹姆斯·弗勞爾機械工廠工作了九個月之後，他的薪水得到了提升，現在，他的週薪是 3 美元。

但是，這並沒有讓亨利·福特感到滿意。他工作從來都不是純粹為了獲得金錢，他想要的是學習更多與機械相關的知識。就他個人的觀點來說，機械工廠幾乎再也不能讓他學到什麼有用的知識了。他幾乎在這間機械工廠裡的每個職位上都工作過了，這個過程當然讓他學習到了許多關於機械方面的知識，但是他每天都必須按照工廠所規定的方式工作，讓他感到非常不滿。他開始認為領班是一個相當愚蠢的人，認為他無法帶來高效而富有成就的管理模式與工作成果。

事實上，在當時的那個時代裡，該機械工廠的運作與管理方式已經是相當不錯了。機械工廠可以製造出產能優良的機械，並且其浪費的程度也是在可以接受的範圍之內。當時的工廠就已經開始重視任用能夠提高生產效率的機械專家，注重浪費問題的存在，以及由此產生了大規模流程化生產的理念——簡而言之，將這樣的標準工業化生產理念運用到人類的生活當中，在這之前是從來都沒有聽說過的。

亨利·福特知道這其中肯定存在著某些不足的地方。他再也不想在這間工廠裡工作了。在他每週額外得到 50 美分薪水的兩個星期之後，他離開了詹姆斯·弗勞爾機械工廠。他在一間船塢引擎工廠裡找到了一份工作，這是一間製造航運機械的工廠，而在這裡，他的週薪只有 2.5 美元。

對於一些認識他的人來說，亨利・福特似乎是一個不懂得感恩的人，根本就不知道如何去賺取更多的金錢。要是有人當時願意去提供他一些建議的話，他們肯定會說，亨利最好要堅持將一件事情做好，而不要漫無目的地改變自己的人生目標。

事實上，亨利・福特根本就不需要別人給予他什麼建議。他在不知不覺當中就已經發現了一件自己應當為之奮鬥一生的事業 —— 那就是不能僅僅局限於機械本身，更要去找尋一種標準化工業生產理念。他之所以想要前往船塢工廠工作，就是因為他喜歡這裡的管理模式。

在這個時候，亨利・福特已經是一個十七歲出頭的青年了，此時的他精力充沛，擁有高大的身材，他的肌肉因為工作而變得強壯起來，雙手都長出了厚繭。在完全沉迷於機械工作長達一年之後，他對人際關係的興趣開始逐漸濃厚起來。在船塢工廠裡工作的時候，他找到了一群像他一樣喜歡研究機械問題的年輕人，這些年輕人都樂於勤奮工作，都是能夠在機械工作中尋找到樂趣的人。在短短的幾個星期裡，亨利・福特就成功與他們打成了一片。

與絕大多數機械師一樣，他們都是注重個人衛生、精力充沛的年輕人，有著清晰的思維以及遠大的志向。在完成了一天的工作之後，他們會迅速跑出工廠的大門，來到大街上，他們會因為呼吸著戶外的新鮮空氣而大聲喊叫，彼此推搡著對方，開一些有意思的玩笑，享受著一些無傷大雅的惡作劇所帶來的快樂。在晚上的時候，他們會成群結隊在大街上游蕩，勾肩搭背地走過大街，大聲評論著他們所見到的一切。他們對靠近水邊的每一寸土地都很熟悉，經常會在那裡玩摔跤或是拳擊等遊戲。

這些精力充沛、志向遠大的年輕人都希望能夠用自己的雙手去緊緊掌握住人生的方向，他們想要擁有自己所想要擁有的一切，並且希望現在就能夠擁有這一切 —— 很自然地，他們學會了抽菸、喝酒，喜歡與女孩子外出談情說愛，將夜晚變成白天，享受夜生活的樂趣，在歡快的暢飲中得到短暫的人生滿足感。沒過多久，亨利．福特就成為了他們這一群人的首領，正如他以前在格林菲德學校成為了學生的老大那樣。當然，他希望按照自己的想法去將這群朋友的精力轉移到更加有用的地方。

那些能夠吸引朋友的娛樂活動，對他來說不過是時間與精力的巨大浪費。他從來都不吸菸 —— 在他小時候，他曾經試著抽過乾草香菸，結果被嗆到了，這讓他對香菸留下了終身難忘的不良印象 —— 他從來都不喝酒，對他來說，女生似乎是非常愚蠢的人。

「我這一輩子都沒有喝過一杯酒。」亨利．福特說，「因為我覺得喝酒與喝一杯毒藥沒有任何區別。」

毋庸置疑，亨利．福特當時所持的觀點是非常正確的，但是我們也會懷疑亨利的這種記憶是否存在準確性。在底特律的早年歲月裡，他至少也感受到酒精對人體所產生的那種複雜難明的作用，也許一次這樣的體驗就足以讓他永遠都不再喝酒了。除此之外，在這段時間裡，他對標準化工業生產的興趣幾乎完全占據了他的所有注意力，還讓他的朋友們都對此產生了興趣。

福特買下了一塊手錶。他只花了一兩個月的時間就熟練掌握了在船塢工廠的所有工作流程與內容，之後他的薪水得到了提升。之後，他的薪水再次得到了提升。此時，他的週薪已經有 5 美元了，這樣的薪水遠遠超過了他的日常開支，因此他再也不需要在晚上去做額外兼職了。他離開了鐘錶店，並為自己買了一塊手錶，這是他所擁有的第一塊手錶。

買下手錶之後，他立即將這塊手錶的每一個零件都拆卸下來。當手錶的每一個零件都散落在他眼前這張桌子上的時候，他用驚訝且不可思議的眼神看著這一切。他買這塊手錶共花費 3 美元，他之前從來都不知道為什麼一塊手錶的價格會這麼高。

「手錶之所以會運轉，」亨利．福特說，「是因為裡面肯定藏著某種不為人知的機械箱子，正是這個機械箱子的價格比較昂貴，因此才導致了手錶價格的高昂 —— 正是因為這種裝置的存在，才讓手錶在每一天都能精確地報時。」

「但是，在我拆卸手錶之後，我發現手錶裡面根本就沒有所謂這樣的裝置，手錶內部的裝置加起來根本就不值 3 美元的這種價錢。手錶裡面有的只是很多普通的零件，這些都是用廉價的金屬做成的。要是由我來製作的話，只需要 1 美元的成本就能製造出來了。但是，我卻花了 3 美元去購買這塊手錶。我所能想到的就是在製造過程中的某個環節必然出現了許多浪費。」

接著，他突然想起詹姆斯・弗勞爾機械工廠的工作流程與方法。他對此進行了合理的推斷，那家製造鐘錶的工廠只是製造出數百塊這種型號的手錶，接著就轉而去製作其他類型的鐘錶 —— 比如鬧鐘等。他們只是製作出少量的這類零件，其中的一些零件可能因為大小形狀並不符合要求，需要用銼刀去進行進一步加工與修正，從而浪費了大量的人力物力。

此時，亨利・福特萌生出一個重要的思想，一間工廠 —— 或者說一件規模龐大的工作 —— 都應該像一臺機器那樣，以極為精準的方式去運轉，能夠製造出成千上萬塊手錶，每一塊手錶都是完全相同的，每一個手錶的零件都是用最精密的切割磨具來完成的，每個同種類型的零件，其規格僅有微不足道的差異，完全可以彼此通用，無需進一步的改裝。

他將這個想法向自己在船塢工廠裡的同事們進行了闡釋。他對這個想法充滿了熱情。他向他們說明了一點，那就是如果按照他的說法去做的話，一塊手錶只需要用 0.5 美元的成本就能夠生產出來。他侃侃而談著成千上萬美元的生意及其實施計畫，似乎這種數目的金錢對他來說只不過是一個數字而已。這筆龐大的金錢並沒有嚇到他，因為金錢從來都不會帶給他任何意義上的實際概念 —— 對他來說，金錢只不過是一排排數字而已 —— 但是對於這些聆聽他說話的年輕人來說，這簡直就是足以震撼心靈的。

他們滿懷熱情地投身於實施福特所提出的這個計畫，接著他們每天晚上都待在福特所租住的房子裡，各方面評估這個計畫，討論著相關的計畫。

要是機械能夠製造出上萬個規格完全相同的零件的話，那麼只需要 37 美分就能製造出一隻手錶。亨利·福特在腦海裡幻想著這樣一間工廠 —— 這間工廠只專注於生產一種產品，那就是製造一種類型的手錶 —— 這是專業集中化生產的方式，將浪費與成本降到最低。這些內心無比激動的年輕人在火爐旁都在認真討論著這個計畫，探討著該怎樣去進行組裝與生產。

他們計算著按照這樣的計畫，需要數以百噸的材料，並且計算出了每一種材料所需要的具體數量。他們計劃每天製造出兩千隻手錶，從而將生產製造的成本降到最低。他們決定將每隻手錶的定價定為 50 美分，並且將這個價格維持一年左右的時間。要是按照這樣的計算，每天製造出兩千支手錶，每隻手錶的利潤是 13 美分的話，那麼一天就是 260 美元的利潤，這個數目讓他們為之瞠目結舌。

「我們絕對不能僅僅停留在這樣的數字上，當我們開始實施計畫之後，可以增加產出的數量。」亨利．福特大聲說，「工廠的管理舉措與理念能夠幫我們做到這一點。要是工廠缺乏嚴密的管理規章與操作模式，那就會讓生產成本加大，因為這筆上升的成本必然會分攤到銷售價格上，而高昂的價格又必然會讓銷售量出現下降。我們將會透過其他的方式去做到這一點。我們要做到廉價銷售，增加銷售的數量，增加產品的產出數量，形成更低的價格，這就能夠形成一個良性的循環。你們聽著……」亨利．福特看到身邊的同事都在認真地聆聽著，而他正在大聲地談論著各種金錢的數目，講述著如何去消除整個過程中出現的各種浪費以及削減額外的開支。直到最後房東過來敲門，詢問他們是不是要整夜在這裡高談闊論。

亨利．福特花了很多時間將這種構想具化為一個個具體而準確的數字。他為這些想法工作了將近一年的時間。在這期間，他始終鼓勵著身邊的朋友保持高昂的熱情。最後，他畫出了這個手錶的機械草圖，想出了將手錶的每個零件的成本降到最低的方法。

亨利．福特提出的計畫是完整而富有可操作性的——其中包括一個龐大的機器，其一端能夠將生產原料輸送到機器的傳送帶當中，而期間經過多名工人的團結合作，在機器的另一端則能生產出完整的手錶 —— 這些都是成千上萬隻的廉價手錶，每一隻手錶的規格與細節都是完全一樣的 —— 這就是所謂的福特牌手錶。

「我要跟你說，這其中蘊藏著巨大的財富與商機 —— 一筆驚人的財富與名垂青史的名譽！」參加這個計畫的一個年輕人用驚喜的口吻對身邊的人這樣說。

「現在我們所欠缺與急需的就是資金了。」福特最後說。

當他正專注於思考如何去解決這個問題的時候，他收到了妹妹瑪格麗特寄來的一封信。信中說亨利的父親在一場事故裡受了傷，而他的哥哥又生病了。想要詢問一下亨利能否回一趟家。因為整個家庭現在都迫切地需要他。

第六章：

重新回到農場

家裡寄來的信件就像是一盆冷水澆在亨利那充滿熱忱的心上。他之前一直在思考著自己的未來，計劃著、思考著未來多年將要發展的事業。他一直有想要實現自己目標的本能性的願望。

「如果你想要取得成功的話，就不能遵循舊時代的人所使用過的方法。」福特如今說，「我們應該透過眼前所處的狀況去指引我們走向未來，而不是以過去來作為指引我們前進的原則。」

突然之間，過去所發生的事情也進入到他必須要努力為之思考的範疇之內。亨利花了一兩個晚上去認真思考這封信為自己所帶來的影響 —— 這是過去一代人的要求與年輕一代人的追求之間出現衝突時內心所出現的掙扎。

至於最後選擇的結果，其實我們早就可以預料到了。標準化工業生產的理念已經成為了亨利．福特人生中的決定性因素，但是人與人之間的親情對他的影響力卻更加強大。他必須要努力地學會對不同的情感之間出現矛盾時進行合理的調節，讓人性的憐憫上升為一種貫徹始終的商業法則。只有這樣，他才能取得真正意義上的成功。

當然，在那個時候，他還沒有看到這樣的潛在重要性。顯然，這是兩種相互牴觸力量之間的搏鬥與掙扎，一方面是光明的前景，一方面是父親對他的需求。最後，福特選擇了回家。

在那個時候，他覺得只要等父親的傷勢好轉了之後，他就能再次回到底特律了 —— 也許這會耗費一兩個月的時間，但肯定不會持續整個夏天。他在心底裡並沒有放棄想要創辦鐘錶工廠的想法，這個想法只不過是暫時被擱置了而已。現在，他依然可以偶爾抽出一兩天的時間前往底特律，與他的朋友們一起商量如何籌措必要的資金。

但是，在這個世界上，沒有比經營一個農場更加困難的事情。當亨利回到家後，他發現數十畝的土地都需要立即進行打理。玉米地已經被荒廢了好一陣子，現在野草已經開始一排排地生長起來了。而臥病在床的父親對此也是憂心忡忡，因為被僱傭的工人沒有用恰當的方式去餵養羊群，因此羊奶的產量也是越來越少。三葉草幾乎長滿了整片田野，而家豬也整天透過柵欄憤怒地向外面張望，因為套在牠們鼻子上的鼻環已經生鏽了，而且豬欄的大門也已經損壞。其中一些鋤頭與耙子都被隨意地放在田野裡，在夏日的陽光與雨水的侵襲下，已經開始變得鏽跡斑斑。

可以說，亨利要做的事情千頭萬緒，讓人目不暇接。一開始，他每天計算著自己所需要做的事情，接著他以每週計算著自己所需要去做的事情，最後他不得不打消再次前往底特律的念頭。他在田間僱傭工人一起勞作，一起耕地、犁地，一起收割。亨利努力為這些僱工設立一個工作上的榜樣，這是作為一個農場主必須要做出的行為。他正在努力學習一種管理手下員工的藝術，在強調高效工作的同時，也絕對不會失去對他們的憐憫之心。現在的亨利已經深入了解了這門管理藝術的精髓，以至於他會將其貫徹到一生的工作與管理當中。

早上天矇矇亮的時候，亨利就起床工作了。他走出房間，來到農場當中。他餵飽了馬匹，監督著僱工們完成擠奶的工作，然後對這一天的具體工作進行部署並下達指令。接著，一個鈴鐺發出叮噹的響聲，他與其他的僱工都匆忙趕回房子，他們坐在廚房的一張長凳上，吃著瑪格麗特以及其他女工做好的早餐，這些食物都是剛剛從烤爐裡拿出來的，還冒著熱騰騰的香氣。吃完早餐之後，他們四散開，駕駛著馬車沿著田間小道前進，開始一天的工作。在太陽升起來的時候，整片田野都閃耀著露珠所折射出來的光芒，整個農場的空氣都瀰漫著三葉草發出的味道。

太陽越升越高，熾熱的熱量灑在每一個在農場工作的人身上，草地當中的小昆蟲偶爾會發出一陣刺耳的鳴叫，這樣的噪音就像是因為燥熱所發出來的聲音。此時，大家早已經將外套與背心脫下來了，紛紛躲到柵欄的角落裡涼快一下，他們都將袖子捲起來，將襯衫的鈕扣都打開。

「喲！真是太熱了。」亨利停下手中的工作，擦拭了一下臉上冒出的汗珠。「吉姆，水壺在哪兒呢？要不你跑回廚房，把水壺遞給我們吧。我們要喝了水才能繼續工作。」

整個上午，他們就是這樣冒著烈日在努力工作，在聽到鈴鐺所發出的叮噹聲之後就會放下手中的工具，知道瑪格麗特與那些女工已經為他們準備好了一頓好吃的飯菜，而他們這一群進行體力勞動的人正好能夠休息一下，藉機大快朵頤。

在下午的時候，亨利則會騎著一頭灰色的母驢，前往遠方的農場與那裡正在耕種的農場主溝通一番。當然，他也許會走得更遠一些，與附近的鄰居進行一番更加深入的交易，交易的內容就包括一頭看上去只有一歲大的小母牛。

在傍晚時分，亨利回到了農場，此時必須要替乳牛擠奶，還要餵馬匹喝水，總之所有的牲畜都必須要在夜晚到來之前吃飽喝足，同時還要確保這些牲畜不會到處亂跑。

亨利·福特不禁思考，這樣的生活與他在機械工廠裡的生活簡直是天壤之別。當他在晚上坐在房間裡，藉著燈火思考著專業期刊所談到的問題時，他覺得自己現在在農場的生活簡直就是在浪費寶貴的時間。但是，他在農場裡學到了很多對他日後發展非常有用的能力。

瑪格麗特·福特此時已經是一位身體健康、富有吸引力的年輕女性了，她將家裡的一切事情以及乳製品都做得非常好。附近地區的社交圈子開始圍繞著她來展開活動。在晚上的時候，附近的年輕人就會騎著馬過來提議舉辦野餐活動，或是乘坐著裝著乾草的大車出去遊玩一陣子。在週日的教堂禮拜活動結束之後，十多名年輕人都會與她一起來到農場。瑪格麗特則會穿上最好看的衣服，然後再套上一條白色的圍裙，接著就為他們準備一頓豐盛的鄉村晚餐。

吃飽喝足之後，他們在長滿青草的前院度過一段快樂的時光，或是在李子成熟的時候，到果園去遊玩。在下午的時候，這些年輕男女往往都會結伴走開，這是當時年輕人經常做的事情。他們會走上兩三里路前往教堂，準備在接下來的晚間祈禱。

我們可以想像到一點，那就是當年輕的亨利再次出現在教堂的時候，附近的女孩們肯定都對他充滿了興趣。現在的亨利已經成長為一名二十一歲的英俊男子，而且剛剛從大城市回來。亨利一家在當地的社交圈子所受到的一如既往的重視，肯定也大大增加了他的吸引力。此時的亨利依然保持著以往沉默的行為方式。但是，他肯定也已經看見了這些來自格林菲德女生們愛慕的目光，但是他對此並沒有什麼額外的想法。當時的亨利是一位身強體壯，笑容可掬的年輕人，對少女們來說充滿了魅力。除此之外，他還是最好的騎手，也是一個大農場的重要繼承者之一。

但是，亨利已經將自己的態度表現得非常清楚了，那就是他對女生並不在意。

與很多找到了人生真正目標的人一樣，亨利在很長一段時間內都保持著對男女關係極為幼稚的看法。「女生，啊？她們有什麼好去關注的呢？」

當時的亨利．福特對機械充滿了興趣，他想要回到底特律，只有在那裡，他才能實施自己想要建立一間龐大手錶工廠的夙願與計畫。

在短短幾周的時間裡，他就已將整個農場打理得井然有序，農場又回到了之前的良好運轉狀態，莊稼的生長很好，僱工們明白老闆在這裡時，他們是不可能偷懶的。亨利也可以將更多的時間用於研究機械方面的問題。他在農場的一個角落裡看到了自己在五年前建造的那個非常有趣的蒸汽引擎。一天，他重新修理了一番這個引擎，然後駕駛著以這臺引擎作為動力的車輛在農場裡遊蕩。

這個蒸汽引擎看上去相當古怪：引擎被安裝在一輛馬車底盤的上方，這讓整個車子在行走起來時顯得很不穩定，而引擎上方的混合動力引擎則會不時發出啪啪聲與呼哧呼哧的聲音，即便引擎冒出了一陣陣濃煙與火花，但還是繼續前進了。他對此發出了一陣會心的笑聲，最後放棄繼續利用這個蒸汽引擎。

他父親的傷勢漸漸有所好轉了。亨利也逐漸接近實現重返底特律，重新開始執行自己心中早已謀劃了無數遍的計畫。

在夏末的時候，他們又開始投入到準備收穫農作物的工作中去了。整個收割團隊共有二十多人，亨利帶領著他們在田間從早晨忙到晚上。在十月分末的時候，所有的收割工作已經宣告結束了，農場上變得荒蕪起來，露出一片棕黃色的土壤，等待著大雪的降臨。瑪格麗特．福特做了一頓豐盛的豐收晚餐，很多婦女利用下午的時間聚在一起縫製棉被，晚上則是進行脫粒的工作。

附近的鄰居都會趕上幾里路過來參加活動。寬闊的農舍都拴滿了鄰居騎來的馬匹。在房子裡，用來縫製棉被的機器也被搬出來了，女人們則利用整個下午的時間在這裡一邊縫製棉被，一邊說話聊天。在晚上的時候，男人們從外面回來了，接著一張很長的晚飯桌上擺滿了瑪格麗特煮的各種菜 —— 其中有火腿、香腸、烤雞、一整隻烤豬，黃豆、豆煮玉米、一大塊家庭麵包、一碗碗奶油、乳酪、蛋糕、各種派、布丁、甜甜圈、一桶桶牛奶與蘋果酒 —— 這些美味的食物很快就在眾人的刀叉下漸漸消失不見了。大家在用餐的時候都發出了爽朗的笑聲，笑話從飯桌的這一端傳到了另一端，年輕的戀人在聽到鄰居們說的笑話之後都會羞紅了臉。

克萊拉．布萊恩特（Clara Bryant）就是其中一位趕來參加晚宴的客人。她的父親是住在距離福特家大約八英里外的一個農場主。那個夏天，亨利都沒有見到過她一次。那天晚上，他們坐在一起，亨利看到了她臉上露出了紅暈，聽到了她發出了爽朗的笑聲。

晚飯之後，他們還要在寬闊的農舍裡加工玉米，很多年輕人都會想著去找那些紅著耳朵的女生，然後詢問她們是否可以讓自己親一下。之後，他們就在放置乾草的農舍裡跳起舞來，農舍上方的油燈發出的燈光搖來晃去的，照在了沾滿灰塵的乾草堆上。

在接下來的一個星期裡，亨利原本打算返回底特律，開始自己創辦鐘錶工廠的計畫，但是他並沒有如期動身。他心裡始終想著克萊拉·布萊恩特，意識到自己之前對女性的偏見是極為荒謬的。

第七章：

通向讚美詩的道路

威廉·福特的身體終於完全康復了，接下來人們要面對的就是一個漫長的冬季，農場裡的人在這段時間裡都可以過上相對悠閒、懶散的生活了。對於亨利·福特來說，他似乎再也沒有不返回底特律去創辦鐘錶工廠的理由。對他來說，之前從未放棄過的計畫，現在終於有實現的可能性了。

但是，亨利依然留在農場的家裡。附近的人漸漸意識到，威廉·福特的這個孩子已經不再喜歡城市的生活了。農民們在穀倉裡脫粒的時候，都會談論亨利這個孩子，他們說亨利終於開始變得懂事了，知道他還是留在農場裡比較好一些，說他以後就能明白老老實實地待在農場裡絕對是一個正確的選擇。他們說，亨利以後再也沒有必要前往底特律去找尋工作了。

也許，在某個時刻，亨利自己也有著與其他人對他的看法一致的打算，但他對機械的興趣沒有絲毫衰減。他知道，真正讓他留下來的其實是克萊拉·布萊恩特。

在這期間，他還是去了幾趟底特律，儘管沒有在那裡久留。當時他還是想要重新展開那個創辦鐘錶工廠的計畫，但是他的心底裡始終想念著克萊拉，這樣的念頭始終催促著他盡快返回格林菲德。他之前耗費了許多心血來制定的計畫成為了泡影，他很快就對那個創辦鐘錶公司的想法失去了興趣。

當時的亨利·福特才剛剛二十出頭。他的人生理想依然還沒有完全專注於某個具體的目標，並且他在這個時候遇到了其實現雄心壯志的最大敵人 —— 愛情。對他來說，這是事業與愛情之間的艱難抉擇。最後，女孩在他的心中占據了上風，生產製造一千萬塊價格 50 美分的福特牌手錶的雄心壯志從此在這個世界上消失了。

「我已經決定以後再也不去底特律了。」一天早上，亨利在一家人吃早餐的時候這樣說。

「我想你最終還是想通了。」他的父親說，「從長遠來看，你留在農場要比你在城市裡工作前景更好。如果你想要照顧牲口的話，我就會讓一名僱工離開，讓你在冬季得到工作的薪水。」

「好吧。」亨利說。

亨利作為機械師的夢想此時似乎只是他人生當中一個有趣的插曲而已，現在這個夢想已經被無限期地延後了。

亨利還是像以前那樣投入到農場的工作中去，似乎他從來就沒有離開過這裡一樣。在寒冷的早上，他點亮了油燈，透過窗戶看見外面只是一片漆黑，亮晶晶的積雪在光線的照耀下閃閃發光。亨利一手提著油燈，一手提著擠奶桶，沿著雪路前往穀倉。

東邊的地平線露出了一條紅色的光線帶，此時的建築與柵欄都覆蓋在大雪之下，在灰色的早晨顯露出了古怪的形狀。亨利的每一次呼吸都猶如在冰冷的空氣裡抽菸一樣。

在穀倉裡面，牲畜都在不安地躁動著，一匹馬在不停地跺腳，一隻羊則笨拙地站了起來，那隻老狗在聽到亨利的手開啟穀倉大門的時候就開始狂吠起來。亨利將油燈掛在一個鐵釘上，然後開始了新一天的工作。他用叉子用力向著乾草堆叉過去，叉起了一大把乾草。接著，他衡量好米糠、玉米以及燕麥的分量與比例，餵給這些牲口。接著，他就替羊擠奶，直到他帶來的擠奶桶差不多要裝滿的時候才停止。此時，他會將一些溫暖香甜的奶餵給老狗與貓咪們喝。

回到廚房之後，瑪格麗特已經做好了早餐。她站在火爐旁邊烤著香腸，煎著玉米蛋糕。其他的僱工此時則從養雞場與養豬場那邊回來。他們輪流在錫製的臉盤當中洗臉，然後坐在後面的長凳上，開始大口吃著早餐。

吃完早餐之後。他們就要在一個大穀倉裡做脫粒或是剝皮的工作了，準備要對玉米進行碾壓。接著，他們要清洗牛舍、清洗雞舍、將地窖裡的蘋果分類放好。在農舍裡，亨利則忙著修理農具，將鋤頭等工具磨得鋒利起來，重新安裝犁耙的每一個齒口，將割草機清理乾淨、上潤滑油。

在忙完了一天的工作，吃完晚餐之後，他還要再次為羊群擠奶，用乾草鋪好小羔羊的羊棚，還要為馬匹準備許多可以吃的乾草，讓每一個牲口都處於舒適的狀態中。最後，他會為一匹馬裝上馬鞍，接著騎著馬前往六里之外的布萊恩特農場。

亨利的這次戀愛歷程進展得並不是非常順利。亨利並不是格林菲德地區唯一對克萊拉．布萊恩特懷有愛慕之情的年輕人。

在接下來的一段時間裡，克萊拉．布萊恩特對每一位追求者都是以一種平等看待的態度相處。正如她所說的「她會慢慢觀察，最終決定的」。每當亨利來到克萊拉的農場時，都會看到另一匹拴在木樁上的馬，另一位年輕人已經進入了克萊拉的家，努力想要討得克萊拉的歡心。

亨利來到布萊恩特的家之後，得到了克萊拉那位天性樂觀的父親的熱情歡迎。亨利會將整個晚上的時間都花在與克萊拉的父親談論政治等問題上，而克萊拉則與亨利的情敵做著爆米花，或是在爐邊烤著蘋果。

但是，亨利在那個冬天製造出了一個輕便的雪橇，然後將雪橇塗成了紅色，接著再用柔軟的彈簧使之可以舒適行駛，然後就能在雪地上順暢地滑動起來。格林菲德的女生幾乎都無法抵擋亨利提出要與她們一起滑雪的邀請。

在許多個月圓的晚上，克萊拉與亨利都穿著厚厚的毛衣，在雪路上滑著雪橇，雪橇上繫著的鈴鐺發出悅耳的聲響。田野上的每一寸土地都閃耀著白色的光芒，遠處農場的房子的窗戶也在向外放射著光亮。有時，他們會乘雪橇滑到安靜且黑暗的樹叢裡，只是呆呆地望著樹頂上的枝葉在月光的映襯下閃耀著光芒。他們前方的道路就像是一條鋪滿了白色天鵝絨的天路。他們在柔軟的雪地上並沒有發出什麼聲音。

有時，亨利與克萊拉還會舉行滑冰聚會，他們穿著露指手套，在大雪上進行又長又順滑的移動，雪橇鈴發出一陣陣悅耳的聲響。有時，亨利會站在一邊溫暖著自己的雙手，看著克萊拉與其他人一起滑到另一邊，內心卻想著一些苦澀的事情。

留在農場工作與求愛占用了他的大量時間，儘管如此，他還是找到了一些時間去繼續堅持自己對機械期刊的研究，因為此時的他依然對機械保持著強烈的興趣。但他在這個時候卻沒有打算去做任何新的事情。他內心的所有創造性想像都在另一個管道裡得到了釋放。

除了沒有執行福特手錶工廠這個計畫之外，更讓亨利感到難受的是，眼前這位笑聲爽朗，美麗樸素的農村女子依然還沒有下定決心嫁給哪一位追求者。冬天過去了，亨利依然在這兩種心緒之間徘徊與掙扎，並沒有做出什麼成績。

春天到來了，農場裡的工作又開始了。耕地、犁地、播種、種植等工作接踵而來。從天剛矇矇亮一直忙到夕陽的餘暉都要從農場的田野上消失為止，亨利都在努力地工作著。直到農場工作所帶來的壓力消失了之後，他才有機會在週日見到克萊拉。很快，夏天又到了。很多年輕人在走出教堂之後，都會想著到福特家的農場舉辦野餐。有時，他們還會選擇騎馬遠行，甚至前往底特律看看那裡的湖泊。

在這個夏天即將結束的時候，格林菲德的許多年輕人都已經接受了一個事實，那就是亨利．福特現在正與克萊拉．布萊恩特交往。但是，克萊拉當時的態度還是比較曖昧的，因為接下來的冬天過去之後，她依然還沒有做好決定。

亨利在農場待的第三個年頭的春天又到了。亨利檢視了自己的銀行帳戶，發現帳戶裡面已經存下了一筆數目可觀的金錢。於是，他就用其中的一筆錢用來購買羊群以及工具，同時還將一些羊賣掉。

「父親，」某天，亨利對父親說，「我想我很快就要結婚了。」

「很好。」父親回答說，「她是一個心地善良，有能力的女性。我會將南邊的四十畝地給你。你們有足夠的木材去建造屬於你們自己的房子。」

顯然，亨利在這件事情上已經下定決心了。毋庸置疑的是，在他向克萊拉展現出了足夠的殷勤之後，他認為自己已經將足夠的時間花在了求愛上，他已經迫不及待地想要重新找回自己的真正興趣與夢想，重新過上與機械打交道的單調生活。

在四月分的時候，亨利與克萊拉前往底特律，並在那裡結婚了。幾個星期之後，他們回到了格林菲德。當時的克萊拉已經想好了如何在南面的四十畝地建造一個新家了，因為他們已經在衣箱裡放好規畫圖了。亨利則是帶回了一些機械方面的專業期刊，準備承擔起照顧妻子的責任。

「妻子給了我人生中最大的幫助。」亨利現在說，說完之後亨利露出了驕傲的微笑，接著說：「她同時也給了我最多的批評。」

第八章：
讓農場變得高效起來

這對年輕的新婚夫婦首先回到了福特的家，這裡的房子非常寬敞，瑪格麗特與她的父親熱情地接待了他們。克萊拉從自己的娘家帶來了一些自己的用品，將這些用品擺放妥當之後，就穿上了工作圍裙，到廚房與乳牛棚幫助瑪格麗特一起工作。

每天，亨利早早起來到農場工作，他非常辛勤地種植莊稼，將鋤頭插入土壤肥沃的黑土地裡，接著再用犁將土壤翻一遍。亨利一邊工作的時候，還會一邊歡快地吹著口哨。

亨利對這樣的生活感到心滿意足。他對農場的一切工作都非常熟練。就是在第一年裡，他的四十畝土地帶給他一筆充裕的收入。而在家裡，他那美麗的妻子則忙著製作出整個地區最好吃的奶油。他在腦海裡隱隱約約地縈繞著一個想要製造更好的耕地工具的念頭。他還記得自己在閱讀最新一期的英國專業機械期刊時，有一篇文章提到的機械原理是他可以應用的。

晚上，在忙完了所有雜七雜八的工作之後，他就會在客廳裡的一張桌子前坐下來，將油燈移過來，然後翻開雜誌。但是，克萊拉當時正忙於修改他們新家的建造計畫，因此她必須要用到油燈。於是，亨利就將油燈放了回去。

「你想要在這裡還是那裡建造廚房呢？要是在這裡建造廚房的話，那麼我們就可以在三面都開窗戶，但在另一邊建造廚房的話，我們就能有一個更大的餐具室。」克萊拉一邊說，一邊咬著鉛筆苦苦思索著。

「只要按照你認為好的方式去做就行了。這是屬於你的家，你說怎麼去做，我就怎麼去做。」亨利一邊翻看雜誌一邊說。

「但是，我想要徵求你的意見啊。我在想，要是建造後陽臺的話，那麼臥室房間的面積就會變得小一些。」克萊拉用抱怨的口吻說道。「我想要這個房子看上去比較大氣一些 —— 如果我將煙囪放在廚房所在的位置，那麼臥室的位置就會處於錯誤的方位。這就是我的想法。哎呀，你還是將那些大家都看不懂的期刊先放在一邊吧，快點來幫幫我啊。」

亨利將期刊放了下來，然後努力思考著如何解決陽臺、餐具室以及火爐煙囪的問題。

當春季勞作所帶來的壓力消除之後，亨利就開始帶領著幾十個人開始行動了，他們砍伐一些精心選擇的木材，然後將這些木材搬到他父親創辦的鋸木廠裡。亨利在這裡將木材鋸成他想要的長度，然後將這些木材整齊地堆放起來，讓這些木材逐漸乾燥。有時，他會將一些較短的木材做成牆面板，將這些木材堆疊起來成為木屋的形狀。他做的這些工作就是準備建好屬於自己的第一間房子。

那個夏天，亨利在一名僱工的幫助下漸漸將房子建造起來了。這是一座典型的美國中西部房屋，屋子非常寬敞，規格為三十二英尺長、三十二英尺寬，裡面共有七個房間，還有一個非常寬敞的閣樓。晚上，在吃完晚餐，洗完碗並做完了在穀倉裡的各種雜事之後，亨利與克萊拉就會在黃昏時分，在夕陽下在房子附近來回視察，檢查著每一天的工作進展。

他們一起來到了臨時搭建的活動地板房，看著用大頭釘劃分出來的房間大體結構，研究著該在哪裡建造火爐，還有選擇什麼紙張作為壁紙。接著，他們走到了房子的外面，滿懷著自豪的心緒想像著這間房子的外表要是被粉刷成白色的話，那肯定是非常好看的。他們還研究著在前院的哪個位置栽種一些植物，把它變成花園。

「我們還是回去吧。」亨利說，「我看到法國期刊上有一篇文章上說，一個法國人發明了某種能夠自我驅動的出行工具，並且是不需要馬來拉的，這可能是用某種蒸汽引擎來推動的。」

「真的嗎？」克萊拉說，「這真是太有趣了！你看，月亮出來了。」

他們隨後就沿著三葉草地慢慢地往回逛，枝葉上的露水散發出香氣。他們走上了通往蘋果園的階梯，看到果樹的葉子在陽光下發出銀光，另一些葉子則是一片漆黑。他們慢悠悠地走回了家。瑪格麗特此時已經切好了一個西瓜，這些西瓜放在井裡的一個籃子裡來保持涼爽。一家人都坐在後陽臺上吃著西瓜。

在夜半時分，每個人都已經墜入夢鄉的時候，客廳裡的油燈依然亮著。亨利正在閱讀那篇介紹不需要馬匹來拉動前進的出行工具的報導。這篇文章的思想讓他深感著迷。

在深秋時分，亨利的新家終於建好了。克萊拉去底特律購買了家具。整個夏天，她都在努力地做著拼布床單以及鉤針編織。當所有的東西都布置好了之後，客廳裡鋪著全新的地毯，塗著油漆的家具在燈光的照耀下閃閃發亮，廚房裡安裝了全新的櫥櫃，地窖裡放著蘋果、蔬菜、水果罐頭等。亨利與克萊拉搬進了他們自己的新家，並且對此深感自豪。

「那是一座非常好的房子，每個人都會想要那樣的一所房子。」亨利．福特現在回憶說，「現在那座房子還在，我們每個夏天還是會去那裡住上一段時間。房子裡所有的家具都還在，跟我們一開始搬進去的時候完全相同。我覺得自己找不到比那更好的住宅了。」

對於亨利與克萊拉來說，那肯定是一段快樂的時光。他們擁有了屬於自己的舒適房子，有很多好吃的食物，有很多美麗優雅的衣服穿，而且身邊還有很多好朋友。周圍的鄰里都有著一種樸素的互助精神，每個人都能表達自己的真實想法。這附近沒有很貧窮的人家，也沒有非常富有的人家，每個人都能自給自足、衣食無憂，並且對這樣的現狀感到心滿意足。

亨利的僱工與他在飯桌上一起吃東西，在同一個屋簷下睡覺，這些工人都將亨利親暱地稱為「亨」。事實上，亨利也會將這些工人稱為「嗨」或是「大衛」等。他們一起種植莊稼，一起照料莊稼，一起去收割。他們的利益都是一致的。如果在年底的時候，亨利有一個更好的農場可以呈現給別人看的話，那麼這就是他們之間唯一的區別了。亨利在生活上並沒有比這些工人好多少，而且也沒有比他們多花什麼錢。

在那段歲月裡，亨利已經找到了自己的人生目標與處世哲學。

他發現，當每個人都能為一個共同的目標去工作與努力，每個人都能完成自己的工作分配，並且將它做好的話，那麼農場的工作效率就能得到大幅度的提升。他還發現，人就像是馬匹一樣，只有在吃飽睡好，並且不過度勞累的情況下才能做到最好。他曾看到一匹過度勞累的馬匹或是一個過分懶惰的人，往往都會延誤整個農場的工作進度與品質，甚至妨礙到其他人的工作進度。

「從長遠來看，唯一行之有效的方法就是找到一個符合所有人利益的方法。」福特說，「傷害某些人的利益遲早會損害到自身的利益。」

亨利．福特是一個非常好的農民，他所養成的條分縷析的思維方式讓他能對工作進行正常的安排與未來規畫，保證不會出現過度勞累或是過分放鬆的情況。亨利的節儉本能讓他希望能夠在最大限度上節省勞動力以及時間，就像他希望能夠節省灑在田野上的馬肥，或是計劃種植三葉草，讓土地變得更加肥沃，從而節肥料一樣。

亨利的穀倉裡堆滿了秋收時的糧食，他養的牲畜都非常肥壯，能夠賣上一個好價錢。克萊拉將整個家打理得井然有序，餐具室裡放著美味可口的食物，地窖的架子上放著許多用於在冬天進食的果醬。

晚上，亨利還是會照常翻開機械期刊，然後聚精會神地閱讀起來。而克萊拉則在一旁縫紉或是修補衣服。亨利不時會在期刊裡看到有關不需要馬匹拉動的車輛的報導與分析。

「在我看來，這是一個不錯的想法。如果我現在還在底特律生活的話，我就能找到一間很好的機械工廠。我相信能夠按照自己的想法去製作出完全屬於我的機械與車輛。」亨利如此興奮地說。

「也許，你真的該這樣去做。」克萊拉在舒適的座位上答道，「但是這樣做又有什麼用呢？我們現在已經擁有了自己想要的一切。」

「是的。但我只是想看看自己能不能做到更好。」亨利略有些焦躁不安地說道。

幾天後，亨利檢視了一片農場的機械房，說自己要去底特律待上一天，購買一些機械回來。

第九章：
機械工廠的誘惑

說要到底特律去購買一些機械工具，這可能只是亨利．福特的一句下意識說出的託詞而已。他知道自己真正想要追求的是什麼。每天晚上，當克萊拉將吃完晚餐後剩下的碗都清洗收拾乾淨之後，他就坐在客廳或是臥室裡的那張紅色椅子上，閱讀著關於機械方面的雜誌。學習並掌握與機械相關的知識，這才是他真正想要追尋的事業。兩天之後，這些機械期刊就會透過快遞寄到他的家。

但是，亨利還是想要重新回一次底特律。他對農場的生活已經感到厭倦了。這些年來，他一直與格林菲德的鄰居們一起過著安靜而舒適的生活。他覺得這樣的生活應該結束了。這些鄰居帶給他有關人際關係的一些觀點，與他們一起交往讓他在人格形成的早期階段保持著正直，不會因為城市生活中爾虞我詐的惡劣關係而受到任何的扭曲。若是站在亨利．福特的角度去看待這幾年的安靜歲月的話，那麼這可以說是他人生中最重要的一段時期。

在那個時候，他看到了農場生活只是不斷地重複同樣的工作，這讓他失去了繼續這樣生活下去的興趣。農場裡做的播種、耕種與收割等工作，周而復始，每年都在固定的時節裡進行。他覺得，要是自己始終在農場裡生活，那麼他是永遠都無法實現自己的夢想，也必將在這個世界上一事無成。當然，他在銀行裡的存款是多了一些，他的農場規模是大了一些 —— 但是僅此而已。這些物質財富的增加其實都不是他所真正想要追求的。對他來說，他工作的目的從來都不是為了金錢。他的熱忱在於研究機械。

於是，他對手下的工人們下達了該怎麼去做的指令，然後列舉出了要為克萊拉所購買的東西，然後乘坐早班的火車前往底特律。在火車上，他的內心是充滿了強烈的期待的。他想要在機械工廠裡待上一整天的時間。

當他乘坐的火車到達底特律火車站的時候，他就直接前往詹姆斯．弗勞爾鋼鐵工廠。寬敞的大街上擠滿了忙碌的人群，街道上有很多馬車在急匆匆地疾馳而過，熙熙攘攘的人群急匆匆地到處奔走，大家似乎都根本沒有停留片刻的餘裕。當亨利．福特來到機械工廠，聽到裡面發出的一陣陣震耳欲聾的噪音時，他覺得這才是自己真正想要去的地方。他瀏覽了一遍工廠當中的設備，就能知道其中的許多細節。自從他十六歲到這裡工作時開始，這裡的設備幾乎就沒有更新過。

之前的那位領班已經不在了，福特之前在這裡的一位同事現在是這裡的領班。

「原來是福特過來了，你好！」他熱情地說，「這些年來你都去哪裡了？你該不會想要在這裡再找一份工作吧？」

「不是的。我現在在農場當中工作。」福特回答說，「只是想著來這裡看看而已。」

於是，他們一起在工廠裡逛了一圈，這位領班說話的聲音很大，以便能夠蓋過機器所發出的轟鳴聲與叮噹聲。他偶爾會指著一個全新的設備，說那是一個改進之後的活門，裝備有一組全新的齒輪。福特饒有興致地仔細觀察著。現在的他已經對這些設備很熟悉了，這要比他幾個月前的時候更加熟悉。

參觀了一陣子之後，他準備離開機械工廠。他突然之間產生了一個籌劃已久的衝動，這樣的衝動讓他開口這樣說道。

「我想自己去建造一臺引擎，」福特說，「當然這是比較小的那種引擎，適合在農場工作的。我想我能夠製造出這樣的引擎，用來替代馬匹的作用。」

這位領班用驚訝的表情看著福特。現在的人可能很難理解當時這位領班所感到的驚訝。因為站在他眼前的這個人竟然想著要靠自己的能力去建造出一臺引擎，用於農場的收割以及耕種！即便是對那些最有理性的人來說，這樣的計畫都會讓他們大吃一驚，覺得這是不可能做到的。最後，這位領班認為這只不過是福特所說的一個笑話而已。他以一陣哈哈大笑作為回應。

「好想法！」領班用讚嘆的口吻說，「你現在需要的就是一臺能夠產出牛奶的機器。那麼你的農場就會變得非常完美了。福特，很高興再次見到你。你隨時都可以來這裡看看與逛逛。」

那一天，福特還去了底特律的許多間機械工廠進行參觀，但是他都沒有再次提起自己的想法。這個想法可以說是在他的腦海裡慢慢形成的，部分原因是他在童年時期第一次在父親的工具房裡用廢鐵想要製造出蒸汽引擎的念頭，部分原因則是因為他在機械期刊裡看到的有關不需要馬匹來拉動的車的文章。

在農事最忙的時候，他勢必需要足夠數量的馬匹去完成農場的工作。而在閒暇的時節，比如在冬天的時候，多餘的牲畜則基本上沒有什麼工作可做，浪費著食物與農舍的空間。對福特來說，任何一種意義上的浪費都會讓他所持有的那種標準化工業生產理念感到不滿。在他看來，他應該製造出一種能夠在相當程度上代替馬匹所做工作的機器，同時在不需要使用的時候也不會耗費任何資源。

不用馬來拉動的車，這樣的概念在當時是一個革命性的新理念，也是非常具有遠見卓識的。但是，這樣的理念在當時的很多人看來卻是無比荒謬的。不過，對亨利．福特來說，這個革新性的理念深深地吸引了他，讓他為之如醉如痴，並從未懷疑過這種理念的真實可行性。相反，他認為自己有足夠的能力去完成這樣的創造與革新，並在這一輪的改革浪潮當中獨占鰲頭。當然，他有這樣的想法其實對他的人生未來發展來說就已經足夠了。

「前人累積下來的觀點以及先入為主的偏見，可以說是這個世界上最可怕的東西。」亨利．福特現在總結道，「每一代人都會遇到屬於這樣一代人的一些問題，他們應該找到他們那一代人所應當追尋到的解決方法。要是我們這一代人所做的事情還比不上我們父輩所做的事情的話，那麼我們這一代人活著還有什麼意義呢？」

在亨利．福特從小繼承的節儉天性以及後天培養起來的標準化工業生產理念之後，這樣的信念在他的心底慢慢地增強，他想要為格林菲德地區的農場找到一種切實有效地提高農場工作效率的方法。這樣的想法漸漸累積成一種堅定的信念，雖然在當時很多他的朋友都會嘲笑他妄想要利用機械去代替馬匹所具有的功能。

亨利．福特參觀了讓他感興趣的所有工廠，採購了他所需要的各種材料，然後來到火車站準備搭乘火車回到格林菲德的農場。此時他才突然想起妻子給他列出的要採購的貨物清單，想起了妻子在他乘坐火車前一再重複的那句話「這些才是他首先要想著去買的東西」。

就像是很多丈夫即將面臨著一場「家庭災難」的時候，突然遇到了救星了一樣，亨利．福特興奮地感嘆了一聲，他立即轉過身子，匆忙跑去幫妻子購買了她想要的東西。在一位富有憐憫心的火車站工作人員的幫助下，亨利以很快的速度將妻子所要購買的東西都買好了，提著大包小裹站在月臺上。此時火車的蒸汽引擎剛剛啟動了。

當時火車的前進速度大約是每小時十五英里左右，並在行進的過程中發出震耳欲聾的噪音，煙囪口冒出了滾滾的濃煙。底特律的居民在火車經過的時候，都會站在鐵軌兩旁欣賞著這樣的景象。以前的亨利．福特也會站在站臺上，看著這樣的景象。這是他第一次看到蒸汽引擎驅動的火車是在沒有事先準備好的路基或是鐵軌上行進的樣子。

當我們最初看到這樣的景象時，都會面露微笑，低聲地說：「這實在是太有趣了！」火車上有一個巨大的圓形鍋爐，這個鍋爐就放在火車的前方，水加滿了半個水箱。亨利在腦海裡迅速地計算著這個水箱所承載的水的重量，以及加熱後的蒸汽所能夠產生的動能，還有這些動能轉化為動力時的效率。

最後計算出來的結果讓他大吃一驚。他若有所思地看著蒸汽引擎推動的火車，直到火車漸漸地從視野中消失不見。接著，他才趕著下一班火車回家。在火車的座位上，他陷入了長期的沉思當中，不時在一個舊信封的背面計算著一些數據。

「我始終無法將蒸汽引擎的概念從我的腦海裡趕出去。」他現在回想起以前的那個情景時說，「這真是太浪費能量了！鍋爐裡水的重量的這個問題困擾了我好幾個星期的時間。」

第十章：
「為什麼不用汽油呢？」

在接下來的幾個星期裡，我們必須要給予年輕的克萊拉一些憐憫之心。在他們結婚兩年的時間裡，克萊拉已經完全了解了丈夫的興趣以及性格。她已經有意識地不讓丈夫去做更多的家事，只是希望這位性情隨和、思維縝密的丈夫能夠有更多的時間去思考自己的人生發展問題。

她已經習慣了目前這種愉悅而舒適的悠閒生活，每天餵養著馬匹與家禽，為一家人準備一日三餐，清洗碗碟，晚上則利用空閒時間縫紉衣服。而此時的亨利．福特則會在另一盞燈下閱讀著他心愛的機械期刊。

但是，現在這一切都發生了改變。亨利從底特律旅行回來之後，似乎完全變了一個人。每當克萊拉詢問他到底發生了什麼事情的時候，他總是不耐煩地告訴她不要管自己的事情，並說自己現在很好 —— 亨利．福特這樣的回答通常都會取得相反的效果，那就是加深了克萊拉內心的憂慮情緒。她覺得肯定是某些可怕的事情發生在自己的丈夫身上，自己的丈夫肯定是遭遇了某些可怕的商業危機 —— 但是，亨利卻始終不願意將實情告訴她。

有時，克萊拉透過廚房的窗戶看見亨利在上午時分慵懶地坐在一匹馬的馬背上，手指上扭動著一根稻草，然後對著另一邊的穀倉皺著眉頭若有所思。

有時在吃完晚餐之後，亨利不是像往常那樣安靜地坐下來閱讀著機械期刊，而是在客廳裡來回走動，雙手放在身後，緊皺著眉頭。最後，克萊拉再也無法忍受亨利做出這樣的舉動了。她言辭懇切地要求亨利告訴她到底發生了什麼糟糕的事情。

亨利如實地回答了這些問題，這讓克萊拉為之大吃一驚。原來亨利一直在想的是蒸汽引擎。他始終在腦海裡計算著水箱裡的水的重量以及其釋放出來的能量之間的比例，但卻一直計算不出來，正為此感到苦惱。

「哦，就是這麼一點小事？」克萊拉用憤怒的口吻喊道。「好吧。要是我是你的話，我根本就不會去想這些事情。說真的，一個老式的蒸汽引擎到底有什麼好想的呢？你給我乖乖地坐在那裡，忘掉這件事吧。」

但這正是亨利．福特無法做到的。他的心智一旦產生了要建造一臺適用於農場的高效蒸汽引擎之後，那麼他就會頑固地堅持這樣的想法，並且將自己想法裡的每一個細節都思索得非常明瞭。他耗費了幾個星期的時間逐一思考其中的每個細節，思考著如何去進行調整與改進，如何發明全新的裝置，該怎樣去想辦法克服所遇到的重重困難。

雖然經過了多番思考，但是他依然沒有想出製造出廉價蒸汽引擎的方法，以便更好地在田野上工作，沒有想出如何才能讓水箱的重量變得更輕，從而更好地利用多餘出來的能量的方法。

在從底特律那趟旅程回來的三個月之後，亨利．福特依然還在思考著這個問題。

「我的天呀！亨利，我真的不知道你到底是中了什麼邪。你幾乎有一半的時間都如同做著白日夢。」克萊拉用擔憂的口吻說道。

「我真的不應該告訴你。」亨利用不耐煩的口吻回答道，嘴裡嚼著蛇根草與苦艾。「我感覺非常好。牛奶桶在哪裡呢？」

亨利提著牛奶桶與油燈，匆忙地來到了農舍。但即便當他坐在一張三角凳子上，熟練地用雙手擠奶的時候，他的心依然在思考著蒸汽引擎的問題。他非常肯定的一點，就是機械必然能夠取代馬匹所具有的功能。他深信，若是他能夠長時間地堅持進行這樣的實驗，那麼他必然能夠製造出這樣的引擎。

一直困擾他的問題就是水箱的重量。他必須要有水箱才能製造出蒸汽。他必須要利用蒸汽才能產生動力，而產生的動力還需要將部分能量用於承載水箱。他在腦海裡反覆地思考著這個問題，找尋著自己邏輯推理當中存在的漏洞。最後，他突然想到了一個至關重要的問題。

並不是一定要用蒸汽來作為動力來驅動引擎的。為什麼不去考慮使用汽油呢？

這樣的思想為他敞開了一扇通向未知世界的大門。在他所處的那個時代裡，幾乎還沒有哪個人會想到製造出用汽油驅動的引擎。突然之間，亨利覺得自己眼前面臨著許許多多的技術障礙——其中包括齒輪、驅動裝置以及如何建造這樣的引擎等——這一連串的難題都擺在他的面前，等待著他去逐一解決。

可以說，亨利要想實現自己的發明理想，那麼他必須要克服重重的難題——顯然，這些難題看上去就像是無法踰越的高山峻嶺。在一百個人當中，恐怕至少有九十九個人在這樣的情況下，都會選擇放棄或是打退堂鼓，認為這是根本不可能做到的。但是，亨利．福特正是那例外的第一百個人。雖然他眼前面臨著諸多的機械難題，但是他依舊喜歡與機械相關的一切難題。他已經迫不及待地想要去想辦法解決這些問題了。

「對我來說，要想解決各式各樣的問題至少要需要一年的時間。因此，我完全可以找一個安靜的地方坐下來，努力去解決這個問題。」亨利．福特現在說。

他完成了擠奶的工作，餵飽了一些眼神迷離的貓咪之後，就提著油燈往馬棚的方向走去，確保馬棚裡的馬匹都已經吃飽了，並且有一個舒適的居住環境。最後，他關上了穀倉的大門，提著牛奶桶往住宅的方向直接走去。對他來說，在回到那個安靜的客廳之前，每一個時刻都是被浪費掉的。一回到客廳，他就在油燈下將紙筆攤開，然後開始計算那些技術問題。他從未像現在這樣如此討厭農場裡的各種雜事。

就是從這個時刻開始，他對農事的討厭程度加深了。但是，自然並不是因為亨利．福特想要全身心地投入到研究機械方面的問題而停止自己的生活規律。野草漸漸在田野上冒出來了，必須要及時清理，莊稼漸漸成熟了，必須要收割了。清晨的曙光照在房子裡，預示著他這一天又有許許多多的雜事要去做，這必然會耗費掉他許多的時間與精力，到了晚上的時候，還有許多雜七雜八的事要去做。農場裡所有的農事都讓他感到心煩意亂，因為他覺得這些毫無意義的農事正阻擋著自己去做真正有價值的工作。在很多時候，做完這些工作之後，往往都已經是深夜時分了。

最後，當整個格林菲德都沉睡了之後，克萊拉在努力堅持了一段時間之後，也已經在床上打著哈欠睡著了。此時的亨利．福特獨自一人坐在椅子上，認真地思考著有關汽油引擎的各種問題。他急切地翻看著機械雜誌裡提到的各種文章，想要從中得到一些啟迪。但是，亨利卻沒有從這些雜誌中得到任何有用的建議與啟發。

亨利．福特整個晚上都在認真地工作與學習。最後，遠處農場的一隻雄雞發出的啼叫聲打破了夜晚的沉默，此時的油燈也因為燈油差不多要耗盡了，發出一陣陣的噼啪聲，他的想法的可行性漸漸被他自己所認可。亨利．福特並不是一個喜歡不切實際的幻想的人——汽油引擎的每一個細節是他每時每刻都在認真思考的。現在夜晚已經過去，早晨到來了，但是他依然對不需要馬匹拉動的交通工具沒有極為深入的認知。他思考著，要是世界各地的人們都有一臺機器能夠帶著他們以時速二十或是二十五英里的速度前進的話，那麼這將會是怎樣的一幅景象呢？他必須要承認，這是一幅極其美好的畫面。但是，他現在卻只能咬著牙，宣布自己堅信這絕非不可能做到的事情。

有時，他會徹夜不眠不休地工作。通常在某個時刻，疲憊感會襲來，讓他不得不休息幾個小時，接著繼續做著農事，直到他又有時間去研究真正讓自己感興趣的事情。

要想讓農場繼續興旺下去，他每天都要投入大量的時間與精力。在這樣的情況下，留給他研究汽油引擎的時間就非常少了。在這個夏天結束的時候，亨利·福特就已經下定決心，他再也不能將時間浪費在農場裡了。他對克萊拉說，自己決定將農場租給自己的哥哥，然後自己孤身前往底特律去展開自己真正喜歡的事業。

「我的天呀！亨利，你這樣做是為了什麼呢？我們現在在這裡過得好好的。我確定你現在做得要比附近的其他農場都要好啊。」克萊拉用無比震驚的口吻說道。

「我想要回到機械工廠裡工作。我在這裡根本沒有時間去研究汽油引擎。即便我有這樣的時間，我也沒有需要的設備。」亨利·福特解釋道。

「好吧。我必須要說，我們在這裡如此勤奮地工作，有了一個舒適的家，還有一個經營狀況良好的農場，每年的收入也越來越高，還有十六頭健康狀況良好的牲畜 —— 你卻想著要為建造現在根本就不存在的汽油引擎而放棄這些東西。我真的不知道你到底在想些什麼。」可憐的克萊拉用極度不解的口吻說道。亨利的話讓她覺得自己要放棄之前已經習慣了的生活方式，離開身邊的朋友，還有一大堆尚未縫製好的亞麻布，以及地窖裡存放的許多好吃的食物。

「你在城市做的工作可能都比不上在農場裡的。」克萊拉據理力爭，「假設這樣的引擎最後沒有被製造出來呢？」

「不會的。汽油引擎一定會製造出來。我會一直努力，直到發明出這樣的引擎。」福特堅定不移地說。

第十一章：
重返底特律

當格林菲德的鄰居們都得知了福特想要離開自己那個經營良好、收入頗豐的農場，準備到底特律的一間機械工廠工作的時候，他們都非常認同克萊拉的觀點。

「你也知道，在你還很年輕的時候，你也曾有過這樣的想法。」亨利的父親語重心長地對他說。「我原本以為你已經下定決心要留在農場裡好好工作了，你在這裡能夠過上很好的生活，並且過得舒適、自在。」

威廉·福特聆聽著兒子亨利闡述著製造自我驅動的汽油引擎的可能性，然後一直在搖頭。

「我想，如果你真的能製造出這種引擎的話，那麼其他人也同樣能夠製造出來。但是，你永遠都不知道自己是否能夠製造出這種東西啊。在我看來，你最好還是乖乖地留在農場裡，你在這裡可以做自己的老闆。並且你的櫥櫃裡始終都堆滿了食物。你根本就不需要去城市裡找工作。你在城市裡可能會製造出自己想要的裝置，但你也有可能永遠製造不出來。你可以想像到了城市之後，你的生活狀況會多麼糟糕啊！」

但是，亨利的決心已定。在面對失敗的時候，亨利所具有的決心可以稱得上是一種極端頑固與百折不撓的心性。正是他這樣堅定的意志與決心，才是他最終取得成功的重要特質。他決心要去城市闖蕩一番，並且沒有回頭路可走。

克萊拉在一開始表示反對之後，最終也接受了福特的想法，開始對打包亞麻布，將家具都包裹起來。她對所謂的汽油引擎根本不感興趣 —— 對她來說，機械一般都是與油汙或是轟鳴聲連繫在一起的，因此她對一切機械都採取敬而遠之的態度 —— 但是，如果亨利想要前往底特律的話，那麼她肯定也要前往，說不定她在那裡也能過上比較愉悅的生活。

這位美麗且有點淘氣的鄉村女人在過去五年裡一直努力讓福特遠離自己心愛的機械，當年拒絕了所有的追求者，現在的她已經成為了一名樂觀豁達且能幹的家庭主婦 —— 這樣的女性在任何家庭都將是主心骨，因為她能夠將自己的工作做到最好。

當然，她沒有能力去發明汽油引擎，但是她卻是照顧專心研究這種引擎的福特的最佳人選。她會保持家庭的清潔衛生，讓整個家變得舒適起來，她會為福特煮上一頓可口的晚餐。在福特感到情緒低落或是沮喪的時候，給他一些精神上的鼓勵與安慰。她會迅速全身心投入到工作中去，將福特的許多東西都井然有序地打包好，裝載在板條箱子裡，準備跟隨著福特前往底特律。

與此同時，福特已經安排好了將農場租給自己的哥哥，並且將家具都儲存好了，直到他在底特律找到一個適宜的住所。克萊拉與福特一起前往，住在一個寄宿房子裡，直到福特找到自己的工作。在出發的那天早上，當福特將東西打包好後，準備前往火車站的時候，克萊拉最後一次環視整棟房子，看見一切東西都安置妥當之後，才安心地走出家門。

接著，她走出了前廊，此時亨利已經站在那裡等待著她。克萊拉環視了一遍沒有了布魯塞爾地毯、花邊窗簾以及閃亮家具的空蕩蕩房子時，這樣問道。

「當你的汽油引擎研發完成了，我們終有一天還會回到這裡的，對吧？」

克萊拉第一次說出了他們倆人以後經常重複的一句話。在接下來的十年裡，這句話裡飽含著期望、希望、沮喪以及各種諷刺。「會的，當汽油引擎研發完成時，一定會的！」

他們的一群朋友都聚在火車站跟他們道別。他們都知道該說什麼，不該說什麼。因為他們都避免談到亨利想要離開格林菲德的目的。

「福特，很難過你即將要離開我們了。希望你們用不了多久就能回來。」他們說。福特清楚鄰居們都已經知道了他想要發明某些東西的意圖，都認為他是一個十足的傻子。

當他們到達底特律，找到了一個可以寄宿的房子之後，福特就讓妻子留在家裡，自己出去找工作了。他想要到一間能讓自己悉心學習有關電力方面知識的工廠裡工作。到目前為止，他對電學方面的理解依然停留在理論的層面上，這些知識僅僅是他從閱讀與思考中得到的。從他第一次離開底特律的時候，電燈就已經出現了。愛迪生電燈公司與能源公司已經在底特律建造了三個發電廠。他所找尋的只是一個在這些工廠裡工作的機會。

那天早上，一間工廠的經理查爾斯·吉爾伯特正遇到一些麻煩事。可能是冥冥中自有注定吧，因為接下來發生的事情似乎與很多小說裡的情節有點類似。那一天，他工廠裡的兩臺引擎竟然同時出現了故障。一位原本負責修理的工程師又在不久之前剛遭到解僱，其他的工程師當時都在總部那邊工作，因為當時的一座變電所出現了故障。因此，這位經理認為只有等到明天將故障排除之後才能恢復正常工作了。

在這樣的情形下，亨利·福特恰好在此時走進了這家工廠，表示自己想找一份有關電力的工作。

「他當時就是一副臨時工程師的模樣。」查爾斯·吉爾伯特現在回想起當時的情景時說：「他是一個年輕人，看上去也不是非常強壯 —— 是一個身材瘦高而結實的人。在一群人當中，你根本不會注意到他的存在。他的談吐讓人覺得他是一個穩健且有能力的人，如果他在其他時候過來應徵的話，我肯定會說這裡不需要他來工作。但在當時的那種情況下，我心想還是給他一個表現自己的機會吧。」

查爾斯·吉爾伯特聽著福特的自我介紹，然後重新打量了他一番。

「你對蒸汽引擎熟悉嗎？」吉爾伯特詢問福特，福特表示自己對此非常熟悉。

「既然是這樣，那好吧。今天早上，一個變電站出現了故障。我之前找了幾位工程師過來修理，但他們都沒能修好。你可以出去看看能不能將變電站修好。修好了之後記得告訴我。」

「好的，先生。」福特回答道，接著就走出去了。此時是上午十點鐘左右。吉爾伯特正忙於處理主廠房所發生的一些麻煩事，直到下午六點鐘的時候才想起了變電站的事情。此時，一個看上去很小的男孩傳話說：「引擎的運轉已經恢復正常——福特。」

吉爾伯特來到了變電站。他看見引擎在地下室裡正常地運轉著，發出了陣陣轟鳴聲。發電機也正在全速地運轉著。他之前對一號變電站的憂慮一下子就消除了。他走到了引擎旁邊，發現福特正忙著修理一個油箱。

「你想要做夜間上班的工程師嗎？」吉爾伯特詢問福特。「月薪為 45 美元。」

「如果你同意的話，我現在就可以投入到工作中去。」福特用肯定的口吻回答道。

「好吧。在早上六點鐘的時候，我會派另一個人過來這裡接替你。明天你抽個時間來我辦公室吧，我會把你的名字新增到員工名單裡的。」

就在找尋工作的第一天裡，亨利·福特就抓住了這次轉瞬即逝的機會，找到了自己想要的工作 —— 這份工作能讓他獲得第一手與電力相關的知識。

一個小時之後，已經在家裡忙著開啟行李箱，並將折疊式旅行袋裡面的東西擺放好，努力將這個寄宿房屋布置成一個家的克萊拉收到了來自福特的一份充滿熱情的信箋。

「我已經找到了一份好工作。這份工作是在夜間上班的。你今晚早點休息吧，不要擔心我。這裡的一切都進展得非常順利。 —— 亨利。」

亨利 · 福特在信箋裡忘記提到自己的月薪是 45 美元。

第十二章：

學習電力方面的知識

每個月 45 美元的薪水以及一份一天需要工作十二個小時的工作 —— 這足以讓亨利 · 福特換掉之前租住的房子，租一套更加寬敞而舒適的好房子，並購買一些家具，讓他在底特律的這個住處與格林菲德地區最富有、最受尊重的人的房子一樣。而對絕大多數人來說，這樣的改變可能會帶來一場經濟層面上的災難。

亨利 · 福特對這樣的生活感到非常快樂。這份全新的工作讓他有機會更加深入地了解機械，讓他有機會學習與電力相關的知識。他內心的滿足感可以從他在吉爾伯特離開工廠之後，他在上班過程中總是吹著口哨中看出來。在一般人看來，做這麼繁重的工作還如此開心，他肯定是瘋掉了。要記住，當時的月薪才只有 45 美元而已。

「你們要知道，我從來都不是太在意自己能夠賺到多少錢。」亨利 · 福特現在說，「我的薪水足以維持家庭的食物與住宿的開支，這對我來說就已經足夠了。金錢方面的事情最終都會以某種方式得到自然的解決。事實上，這方面的事情總會是這樣的。如果一個人所做的工作是他自己所喜歡的，那麼金錢自然就會到來。若總是對賺多少金錢充滿憂慮的話，這可以說是這個世界上人類所做的最糟糕的事情了 —— 因為這會讓他無法全身心地投入到自己的工作當中去。

亨利 · 福特的人生哲學顯然透過自己的行為得到了展現。

接下來在變電站工作的幾個月裡，變電站都沒有出現過什麼故障。工廠經理吉爾伯特偶爾也會詢問其他員工，福特這位新來的人表現如何。「他可以說是機械方面的巫師 —— 昨晚我們的發電機遇到了一些問題，他很快就將故障解決掉了。」一些工程師這樣說。還有一些工程師對吉爾伯特說：「你到底是從哪裡把他招過來的？他似乎要比建造這座變電站的人都更加內行。」

福特本人並沒有到處炫耀自己的能力。吉爾伯特下班的時間剛好就是福特在變電站上夜班的時間。因此，他們是在三個月後一次主廠房的發電機出現故障之後才又見面的。當時負責修理的工程師過來檢視了一下，然後就一直搖頭。

「必須等到明天才能修好。」這位工程師表示，「我們必須要將這個發電機拆開來，徹底檢修。」此時已經是傍晚時分了，而他們必須要盡快修理好這部引擎，否則底特律的一部分地區就將會出現停電的狀況。吉爾伯特還記得其他工程師對福特這位新人的評價，於是就派人找來了福特。福特趕忙過來幫忙修理，最後在短期內解決了問題。

對福特來說，這樣的工作其實只是非常平常的工作。他回到了自己之前工作的變電站後，就很快將這件事忘掉了。直到現在，他都已經記不起這件事了。但是，當時的經理吉爾伯特還記得，但他也並沒有太在意這件事。他只是認為這是福特他們應該做的事情，而且他相信福特能夠很好地解決這些問題。作為經理的他也沒有將太多心思放在福特身上，只是讓福特繼續去工作。

福特在這間公司工作了半年之後，每個月的薪水依然是固定的 45 美元。福特將自己的薪水全數交給了克萊拉，用於支付房租及各種日常支出。在這段時間裡，福特已經完全掌握了地下室裡安放的電站的功能以及設備原理。此時的福特對電力方面的問題充滿了興趣。當他在變電站工作了十二個小時之後，他還會利用閒暇時間去研究如何利用電池以及火星塞去製造汽油引擎。

就在這時，機械部門的一個經理職位出現了空缺，吉爾伯特就找來了福特。

「你認為自己能夠勝任這個職位嗎？」吉爾伯特問道。

「我能夠勝任。」福特回答道。於是，吉爾伯特就讓他出任這個職位。當他在這個月的月底拿到薪水之後，發現竟然有 150 美元。

「現在，」他對自己說，「我已經有了一個屬於自己的住所，我就能在晚上用心研究汽油引擎了。」

「現在，我們都有經濟實力去購買一套屬於我們自己的房子了，不再需要租別人的房子。」當福特告訴克萊拉這個消息時，她這樣興奮地說。在聽到克萊拉這樣說之後，福特又看了一下餐桌上的晚餐，表示非常同意。還有，在福特看來，租房子住，其實就是在浪費金錢。他想要購買一塊土地，然後在土地上面建造一所新房。

他們就此進行了商量，利用晚上的時間在底特律綠樹成蔭的寬敞街道上走來走去。第二天早上，克萊拉就戴上帽子，前往房地產代理公司的辦公室去詢問房源。在夜晚時分，兩個急匆匆的年輕房地產業務就來到愛迪生電力工廠向福特詢問一番。當他在晚上回到家之後，發現還有一位地產業務在他租的房子的門外靜靜等候著。

那個星期是極為忙碌的。福特每天早上六點鐘都要去上班，然後在愛迪生電力工廠裡一直工作到下午六點鐘，匆忙趕回家之後看見克萊拉正用一雙明亮的大眼睛看著他，告訴他在這一天裡所看到的土地。在福特吃完晚飯之前，另一位熱情的地產業務就會過來講述底特律地產市場的其他優惠情況。

在這段時間裡，福特根本無法專注於思考設計製造汽油引擎的藍圖，他每天都要利用下班的空閒時間從城市的一端到另一端檢視住宅地。福特之前體驗過了與一些工人打交道時所帶來的煩惱，因此他知道必然要浪費很多時間在這些事情上面，這會讓他沒有多少時間去思考工作方面的事情。

「這件事必須要盡快結束。」一天晚上，福特用近乎絕望的口吻對妻子說。「我已經在附近打探了，我覺得最好的土地就是在愛迪生大道邊的一塊土地。你可以戴上你的帽子，然後我們一起出去看看，決定是否要購買我們在上週六看過的那塊土地。」

於是，他們一起出去，重新審視了一遍這塊土地。在這塊土地上建有一間老舊的房子。福特認真地審視了這間房子的具體情況。

「如果你認為這個地方還不錯，那我們就買了吧。」福特說，「這間老房子不需要什麼大規模的修葺，可以作為我的工作室。我可以在這裡設計製造我的汽油引擎。」

克萊拉看著眼前一片略有些老舊的房子，還有周圍的一大塊空地。此時已經是春天了，青青的綠草已經開始發芽，溼潤的土地散發出的特殊味道，以及整個地方都讓她感覺到農村的氣息 —— 她非常喜歡這樣的感覺。

「好吧，我們就買這塊地方吧。」克萊拉如是說。

幾天後，他們就簽下了土地買賣合約。這塊土地的價格為 700 美元，頭期款是 50 美元，接下來，每個月都要按照一定的數目來償還貸款。福特從他在農場工作時就已經累積起來的銀行帳戶裡取出了 200 美元，購買了一些木材。之後的一段時間裡，他利用晚上的空閒時間努力建造房子。

當他在用鋸子鋸木頭的時候，克萊拉就在後院裡忙著各種家務。她在後院裡種植著玫瑰花，在房子後面建造了一個花園，裡面栽種有多種植物。附近房屋的女主人都會過來與他們攀談，邀請她在一切事務都安排妥當之後，去她們的家裡拜訪，或是大家坐在一起一邊聊天，一邊縫製衣服。在出租房裡住了將近半年之後，終於擁有了屬於自己的新房子，並且有了一群友好的鄰居之後，他們肯定會覺得非常高興。

「附近的鄰居都是非常友好的人，我覺得我們肯定會喜歡上這裡的。」天黑後，福特依然用鐵釘在地板上進行固定時，克萊拉提著油燈為福特照明的時候這樣說。

「那就好。很高興你喜歡這裡。」福特回答說，「我希望盡快建造好房子，這樣的話，我就能盡快全身心地投入到工作當中了。」

福特在愛迪生電力工廠裡工作的時候，就進行了第一次實驗：他用自己的標準化工業生產管理模式去管理手下的工人。

第十三章：
八個小時，但不是為了自己

亨利·福特成為愛迪生電力公司的機械部門經理之後，每天工作十二個小時就成為非常正常的事情。在那個年代，幾乎所有的老闆都認同這樣一個觀點，那就是每個工人就像是他們身邊的機械一樣，都應該將其能量發揮到極限。

「我們平常大約有四十名工人在工作，還有四到五名作為候補的員工，準備隨時替代那些生病或是過於疲憊的員工。」亨利·福特說，「在我擔任經理之後沒多久，就明白了一點，那就是這樣的制度一定是存在著某些錯誤的。要是我們的機械像我們的員工那樣，經常處於一種高負荷的運轉狀態下時，那麼幾乎每個人都會知道我們並沒有以正確的方法去處理這些事情。」

「任何一位優秀的工程師在維護一臺機器的時候，都不會長時間將其功能或是速度發揮到極限。因為這樣的做法會損害機器。當我們說要學會保養機器這些話的時候，這絕對沒有摻雜著各種情感的因素。這只是每個人的常識以及追求效率的展現而已。當我們說要照顧每一位員工的利益時，這也絕對不是一時的感情用事。」

「人們越早明白兄弟情義的理想以及現實生活常識之間存在差別的道理之後，那麼就能越早做得更好。只有那些單調沉悶的工作，才需要我們每天工作八個小時。要是一個人在努力創造出某些東西，努力去實現某個結果而不斷進行研究，那麼一天工作十二個小時或是十四個小時，其實都不會帶給他任何傷害。」

顯然，福特很快就將他的這種理論付諸實踐，就像他將自己的許多理論都投入到現實生活當中去檢驗一樣。他本人每天工作的時間就經常超過十四個小時。

從早上六點鐘到晚上六點鐘，福特都會在愛迪生電力工廠裡工作十二個小時，因為他平常規定的八小時工作制度在他身上並不適用。下班之後，他會邁著輕盈的腳步，回到自己位於愛迪生大道的房子裡，匆匆地吃完晚餐，然後就進入自己臨時搭建的機械工作室。他打開了一盞很大的電燈，然後藉著刺眼的光芒將自己要研究的汽油引擎所需的各種材料都擺在桌面上 —— 此時的亨利．福特才準備開始自己真正嚮往的工作，此時的他才感覺到自己是真正為自己在工作。

直到深夜時分，鄰居們都能夠聽到亨利．福特在擺弄機械工具時所發出的聲音，也能看到他那間老舊房子牆壁當中的裂縫裡所透出的燈光。

「今晚，史密斯一家即將舉辦聚會。我想我們應該要過去參加吧。」一天晚上，克萊拉用渴盼的口吻對福特說。

「哦，這樣子啊。當我完成了汽油引擎的研發之後再說吧。」

「那你認為還要多久才能完成呢？」

「我也不知道。我現在正在研究汽缸，我必須要鑽出一個較大的鑽孔才能增加汽缸的轉動速度 —— 接著，我還要去研究與動力機械傳動相關的問題。」福特沒有繼續說下去，顯然他已經迷失在自己將要解決的各種問題當中了。他匆忙地吃完晚飯，然後就離開了座位，趕赴工作間繼續自己的研究工作。

「哦，關於聚會的事情，真是太不好意思了。我希望你不要太在意。當我完成了汽油引擎的製造之後，我肯定會去的。」福特用抱歉的口吻說，然後匆忙地來到機械工作間去工作了。幾分鐘後，他就完全沉浸於自己想要製造的汽缸當中去了。

那天，他在愛迪生電力公司的廢料堆裡找到了一根管材，當時的他靈機一動，心想這個東西可以用於製造汽缸，並且能夠節省他從零開始製造汽缸的時間與工作量。於是，他就將這個東西帶回了家，然後切成適當的長度，安裝在他自己製造的引擎上。

與此同時，克萊拉在家已經將晚餐桌上的碟子全部清洗乾淨了，嘆了一口氣，然後坐下來開始縫紉的工作。附近的鄰居都到史密斯家去參加聚會了，他們都在人行道外面彼此熱情地打著招呼。在那間老房子裡，自己的丈夫還在用銼刀銼著什麼東西，銼金屬時所發出的聲音聽起來非常清楚。

克萊拉心想，自己還是放棄要去參加聚會的念頭吧。她知道自己也沒有辦法舉辦一次聚會，因為自己的丈夫亨利肯定會拒絕離開那個讓她感到非常討厭的引擎，反而會將整晚的時間都投入到研究引擎上面。此時的克萊拉真的非常想念格林菲德的生活。

幾個月過去了，福特白天依舊會在愛迪生電力工廠裡上班，而在晚上的時候則在自己的機械房裡進行專研與探究。福特在工作期間遇到的人，都會以一種半調侃、半挖苦的目光看著他。他們都說福特是一個「民間科學愛好者」，是一個不折不扣的怪人。其中一些年輕的員工在福特走過去的時候，都會忍不住笑起來，用手摸一下自己的前額。

一天晚上，福特回家之後，發現克萊拉正在家裡哭泣。附近的鄰居都說福特已經發瘋了，鄰居們這樣的話語讓克萊拉忍不住為之啜泣。克萊拉將萊辛夫人說的話跟福特說了一遍，並且表示自己以後再也不跟萊辛這樣的人來往了。但是，難道福特就不能放棄自己那臺該死的引擎，好讓他們能像其他人那樣過上正常的生活嗎？

這讓所有人都感到受傷。在這個世界上，可以說沒有哪個人比福特待人更加友善，更加講兄弟情義的了。但是，其實就是他在這種情義與他想要發明的汽車之間做了不同選擇的差別而已。福特繼續像往常那樣進行各種工作，他更加沉浸於自己的世界裡，漸漸變得沉默寡言起來。

要說有誰願意遵循愛默生（Emerson）曾經說的有關自我獨立的格言：「能夠因為忠誠於自己的工作而放棄朋友與家庭」，那麼那段時期的亨利 · 福特應該就是這樣的人。

其實，這件事也沒有什麼大不了的——只不過是一位沒沒無聞的人有了這樣的一個想法，願意放棄自己的社交娛樂活動，放棄晚上休閒的時間，放棄鄰居們對他的良好印象，而選擇專注於在自己不起眼的房子後面的一個老舊房子裡進行實驗。其實，這也不過是一個普通人不願意去嘗試我們絕大多數人所想要的東西，只是想要抓緊一切時間去驗證一個「不實際」的理論罷了。

在接下來的兩年時間裡，福特始終堅持著這樣的工作。他設計製造引擎的速度非常緩慢，每一步都要提前想好接下來該怎麼做，在製造之前都要事先做好每一個鑄件，然後還要耗費數月的時間在電路的連線以及點火等問題上。有時，他甚至選擇通宵達旦地工作。

「會因為這麼繁重的工作而生病？不會的。我從來沒有感覺自己會生病。」福特現在回想起當年那段歲月時說。「真正摧毀一個人健康的並不是過度的工作，而是過度的消遣娛樂與暴飲暴食。我從來都不會吃太多的食物，我的感受非常好。無論我工作的時間多長，我都沒有感覺到有什麼疾病。當然，有時我會感到比較疲憊。」

一天，他將自己的妻子克萊拉叫到那間老房子之前。那個小小的引擎被固定在磚塊上，正在發出轟鳴聲，引擎上的飛輪因為速度極快，看起來比較模糊。飛輪高速的旋轉讓汽車有可能就在這樣的運轉下行駛起來——這是一個了不起的創舉。

「哦，亨利！你完成了！你做到了！」克萊拉高興地說。

「還沒有，這只不過是一個開始。現在，我必須要想辦法製作出傳動器、轉向齒輪、變速箱，還有很多很多的東西。」亨利·福特回答道。

第十四章：
努力研製第一輛車

此時的亨利・福特已經是一個年近三十歲的人了，依然是底特律的諸多企業中的某個企業裡一個不是很起眼的非重要角色，他當時是愛迪生電力工廠中的一位基層經理而已。當時經常有人看到福特下班匆忙回家的身影，那是一個身材瘦高，腰有點彎，穿著比較樸素的人，他的嘴唇被淡茶色的鬍子所遮蓋，他那雙藍色的眼睛周圍已經被許多疲憊的細小皺紋所覆蓋，很多人都會用憐憫的口吻說：「這個人永遠都是這樣了，不會有什麼大出息了。」

亨利・福特擁有自己的農場，但自從他離開農場之後，這個農場就開始不盈利了，現在這個小房子需要支付貸款，還要為製造汽油引擎付出一大筆錢。這一切就是他十四年工作生涯的一個小小的總結。

也許，他收到了不止一封來自父親與哥哥從格林菲德寄來的信件，催促著他盡快回到農場，這樣的話他就能與妻子過上舒適幸福的生活，還能與老朋友把酒言歡，再也不需要像現在工作得這麼辛苦了。在所有人看來，這都是一種明智的選擇。

在完成了一個較小的單汽缸高轉速的汽油引擎之後，福特更加著迷於自己的發明設計了。他將自己在愛迪生工廠裡的一兩位同事帶過來，觀察一下自己的發明成果。他們看見這個引擎被固定在一個由磚塊組成的基座上，認真檢查了裡面的汽缸、短氣活塞，留意引擎所發出的動能，然後用略帶尊敬的目光看著福特。但是，他們中的絕大多數人都對福特能否最終製造出汽車抱持懷疑的態度。在他們看來，不需要馬匹拉動的出行工具似乎永遠只是天方夜譚。

「看來，你還是有把握製造出那樣的汽車的。」他們都做出了一定的讓步。「但是，讓這樣的汽車前進，肯定會付出非常昂貴的造價。也不會有很多人願意去購買這樣的汽車。還有，你去哪裡籌集資金以便製造出這樣的汽車呢？」

「我正在努力讓價格變得低廉。我要讓汽車的價格變得足夠低廉，讓這個國家的每一個人有能力去購買汽車。」福特說。

此時，福特這種「只有符合絕大多數人利益的東西才是真正的好東西」的理念已經成型了。他並不想製造出一些只能讓富人用於炫耀的玩具，他想要製造出某種真正有用的工具，能夠讓成千上萬像他這樣的普通人都能夠買得起，正如像他這樣之前在農場裡工作的人也有能力購買的交通工具。此時的他還是想著要製造農場拖拉機。很快，他就想出了製造出自主動力機器的原理。

至於資金問題，福特認為當時機成熟之後，這個問題自然會得到解決。他現在的使命就是製造出這樣的機器。他絕對不會浪費時間告訴自己窮人根本沒有任何機會去完成這種工作的鬼話。

怎樣將引擎釋放出的能量傳送到輪子上的問題，現在完全占據了亨利·福特的整個大腦。他買了用於製造輕便鋼輪車骨架的所有材料，然後就開始建造。福特修理了四個老舊的腳踏車輪，然後將其安裝在一個沉重的車輪邊緣與較大的充氣輪胎上，接著再將輪胎安裝在輪軸上。此時的關鍵問題就在於如何讓輪子與引擎之間產生連結。

對那些熟悉汽車的人來說，這個問題似乎非常簡單。但在那個年代，在老房子裡冥思苦想的福特卻是對著鋼輪車的骨架以及那個小引擎在發呆。他想要完成一項前人從未嘗試過的壯舉。

在這之前，出行的工具總是被其他會移動的東西拉動著前進。因此，福特的第一個自然反應一定也是將引擎的動力轉移到前輪上。但如果是這樣做的話，那他又該怎樣去轉向呢？他到底該製造出哪些機械裝置，才能夠產生足夠強大的能量轉動後輪，用來抵消引擎產生的牽引力，同時這個裝置還能夠迅速做出回饋，能夠做出急轉彎等動作呢？

接下來，還有一個關於節流閥以及齒輪的問題。要是不解決這些問題的話，那麼這樣的出行工具的前進速度就會變得很慢，同時很難將速度提上來。在必要的時候，車輛是有必要全速前進，或是在很短的時間內加速，同時避免讓引擎熄火的。

這些讓他百思不得其解的問題以及許許多多細小的問題都

急待他去解決。最後，還有一個簡單的問題擺在他的面前 ——這樣的機械必須要造價低廉。

「我要製造出這樣一種機械，讓它更適用於大眾。」一次，福特在思考各種讓他困擾的問題時這樣說，「如果這種機械被證明是有用的話，那麼我就必須要克服一切困難做到。除非這種機械的造價低廉到足以讓普通百姓都能夠擁有，否則這種機械也是沒有什麼用處的。」

福特身上這種堅毅的特質透過這段話可以得到驗證。對於福特這樣一個常年與太陽、風雨搏鬥，憑藉自身努力在那雙緊緊握住不放的手中獲得食物以及住宿條件的人來說，眼前面臨的各種機械方面的困難，都只會堅定他想要繼續走下去的決心，讓他努力將這種機械變得更加實用。福特的價值標準並不是所謂的美感或是豪華舒適，他想要製造出一種能夠承擔起最大部分工作的機械。

福特在愛迪生大道的小房子度過了第三個冬天。此時，他想要研製的汽車還沒有完成。當他吃完晚飯，前往那間老房子的時候，他在長滿了鐵鏽的熱爐旁邊生起了一堆火，然後放在角落裡。克萊拉經常會過來看望一下他，然後坐在一個箱子上面，看著他將機械的各個零件組裝起來，或是嘗試著各種不同的傳送裝置。

最後，福特決定使用皮帶傳送裝置，這個皮帶位於飛輪的上方，連線著後部輪軸。一個滑輪配置的系統是由一個槓桿所操控的，可以透過鎖緊或是放鬆這個皮帶來控制汽車的速度快慢。這一條寬大的皮帶是封閉的，透過後軸與放在前輪下方的滑輪裝置將引擎的動能傳送出去。這樣的配置可以說是現代動力傳動系統的雛形。

那個冬天，福特一直在潛心研究這個問題。對克萊拉來說，這是一段非常孤單的時光，因為鄰居們對自己丈夫一貫不良的印象更加增強了她那種賢惠農場女人的性格光輝，她「拒絕與任何說自己丈夫壞話的人」交往。她知道自己的丈夫亨利是一個完全理智的人，也是一個比絕大多數丈夫都更好的男子漢。自己的丈夫亨利想要將時間耗費在什麼事情上，這是他自己的自由，其他人都無權干涉。

儘管如此，漫長的冬天還是顯得那樣漫長。克萊拉也漸漸開始了抱怨。此時的她已經生下了一個孩子，她對格林菲德的思念之情越來越濃烈了，她想要回到那個曾經寬敞舒適的家，與朋友們一起聊天玩耍，聆聽著雪橇鈴在外面的雪地上叮噹作響。

早上，她將家裡的一切事務都安排妥當，接著就面臨著漫長孤單的一天。她會縫紉一會兒，然後在房子的各個房間裡走來走去，接著來到窗邊望著那一條沒有多少行人的街道，看著附近散落建造起來的房子以及被人踩過的積雪。她忍不住打起了哈欠，然後計算著自己的丈夫下班回家吃晚餐的時間。

當亨利．福特回家後，她會提前讓整個房子溫暖明亮起來，她會將餐桌擺好，從烤箱裡拿出熱騰騰的餅乾。她做好食物，沏好茶，將溫熱的食物裝在碗盤當中端上來。他們坐下來一起吃飯與聊天，但是這樣快樂的時光卻總是過得特別快。在她還沒有將自己白天裡想到的一半想法說出來之前，亨利就已經放下了碗筷，喝了一杯茶，然後說：「好了，我該去工作了。」接著，他就來到了那間老房子裡，沉浸在自己對研究汽車的興趣當中，留下了孤單的妻子。

「這東西到底什麼時候才能夠完成呢？」一天晚上，沉默著坐了很久的克萊拉在看著亨利忙了很長一段時間之後，這樣問道。一開始，她說話的口氣是比較愉悅的，到最後她開始哭泣了。「對不起，我真的再也忍受不了這樣的生活了。我想要回家，回到格林菲德去。」她說。

此時的福特正在檢驗著齒輪裝置。他放下了手中的工具，一臉詫異，接著走過去安慰克萊拉。

「很快了，很快了！」亨利說。我猜想福特肯定是用手拍打著妻子的後背，就好比一個男人用笨拙的方式去安慰一個啜泣的女人。「現在已經非常接近於完成了。現在這個東西可以說已經非常實用了。只是還需要一點點改進……」

克萊拉打斷了福特的話。她說福特總是說自己這個該死的引擎「還需要一點點改進」之類的話語。她表示希望福特能夠願意為她做出一點犧牲，帶她回格林菲德住上一段時間。

第十五章：

雨中的試駕

眼淚，幾乎是歇斯底里的眼淚，這是一個過去七年來一直性情安靜、天生樂觀、平時做家務的時候都會哼著小調的妻子流出來的——這讓福特不僅感到震驚，而且還感到十分恐懼。

此時的福特也許才第一次意識到，自己多年來潛心於研究汽車帶給自己的妻子多大的痛苦。

他盡自己最大的努力去安慰妻子，承諾自己一定會帶她回格林菲德。他會放棄自己在愛迪生電力工廠的工作，表示既然妻子這麼喜歡農場生活，那麼自己就會和她搬到農場去生活。他在機械方面的研究工作可以慢慢進行。

福特將妻子帶回到了房間，給她倒了一杯熱騰騰的茶水。當妻子舒適地坐下之後，就用冒著熱氣的火爐來溫暖她的雙腳，讓妻子好好地喝上一杯暖茶。福特說自己現在就去將那間老房子的大門關上，今晚不會再去那裡了。

這部機器幾乎已經接近於完成了。擰上幾個螺絲，或是鎖緊一些皮帶，再調控轉向的槓桿，整個機器就已經堪稱是完整的了。亨利·福特投入了四年的艱苦努力，認真思考去建造這個機器——一開始是因為自身的貧窮而一再延遲研製，後來又因為建造房子而出現了延期，接下來又因為每天在愛迪生電力工廠要工作十二個小時而出現延期。現在，他必須要再次延遲這個計畫，將更多的時間用於家庭事務上，回到格林菲德好好地度過一段悠閒的生活，努力與新招來的僱工打交道，重新開始在農場裡的無聊生活。

福特頑固地對自己說，這只不過是另一次延遲而已，他還是會讓機器再次運轉起來的。與此同時，他已經忍不住要重新拿起手中的工具，然後繼續努力工作，哪怕是延遲一分鐘都會讓他感到非常痛苦。

引擎已經差不多研發成功了，只是齒輪還需要調整一下。他鎖緊了皮帶，然後再次測驗了一下滑輪的功能。接著，他將後輪軸放在一堆木頭上，將輪子抬離地面，然後啟動引擎。汽缸發出來的陣陣轟鳴聲很快就變成了斷斷續續的咆哮聲，飛輪因為轉速過快都讓人視線模糊起來了。接著，福特再次鎖緊滑輪裝置，寬闊的皮帶立即轉動起來，後輪在不斷地轉動。

後輪在不斷地轉動！

現在只剩下在真實的地面上進行實驗的步驟了。福特開始對轉向齒輪進行研究。事先，他已經將各種問題都思考了一遍，製造出齒輪所需要的各個配件。現在，他必須要將各個配件都組裝起來，將它們放在固定的位置，然後測試它們。

他忘記妻子還在房子裡等待，沒有注意到這間老房子內火爐裡的火焰已經變得越來越小了，夜也已經越來越深了。他將所有的思緒與專注力都集中在調節轉向齒輪上。

在半夜時分，他依然還在工作。在凌晨一點鐘的時候，他將前輪墊高，然後測試轉向齒輪的功能。最後，他發現轉向齒輪還需要一些調節。在凌晨兩點鐘的時候，這一切都測試完畢了。他再次啟動引擎，結果沒能點起火。點火器一定是出現了一些問題。

在凌晨三點鐘的時候，滿臉都是油汙，神情專注的福特感覺到肩膀上搭著一隻手，他聽到妻子在說：「亨利。」

「親愛的，什麼事？我馬上就回去了。為什麼你全身都溼透了？」他大聲地說，看著她那條溼透的圍巾。

「外面的雨下得很大，難道你不知道嗎？」克萊拉問。

「下這麼大的雨，你是不該出來這裡的。我還以為你已經上床睡覺了。」福特回答說。

「沒有呢。我睡得不是很安穩。我突然想到了一點，那就是亨利，我們絕對不能回到農場去。這只是我個人的看法。我想我剛才可能只是感到了疲憊而已。現在，我已經改變想法了。我們最好還是留在這裡，直到你製造出你所想要的機器。」

福特笑了。

「好吧，我親愛的小寶貝，我想我們再也不需要太長的時間了。這臺機器現在已經做好了。」他說，「你等我一下，然後就能看到我駕駛著這臺機器所驅動的車輛了。」

克萊拉站在一邊認真觀看著，甚至要比福特還要興奮。福特再次啟動了引擎，在機器上釘了幾塊厚厚的木板作為座位，然後開啟了老房子的大門。外面下著傾盆大雨，地面上薄薄的積雪在大雨的衝擊下都露出了原本被遮蓋的土地。外面幾乎沒有什麼光線。

福特推著這臺機器來到了後院，然後在儀表板上掛了一個油燈作為前燈。克萊拉站在老房子的一邊，用興奮的聲音喊叫著，懇求福特等到早上天晴了之後再進行實驗，但是福特並沒有聽進去。引擎與轉向齒輪都是防雨的。對福特來說，沒有比再次延遲實驗讓他感到更痛苦的事情了。

現在，他終於有機會證明自己之前所堅持的理論是否正確了。他不願意在這方面多浪費哪怕一分鐘的時間。

此時，引擎已經啟動了，福特走上汽車，坐了下來，懷著愉悅的心情緩緩地鎖緊齒輪裝置。

接著，福特乘坐第一輛福特汽車，從老房子的大門處駛了出來。

當他感覺到汽車在地面上緩緩移動的時候，他鎖緊了轉向槓桿。突然，油燈發出來的光亮讓他看到了他之前從未注意到的，院子裡擺放的許多東西。他看到晾衣繩的支撐桿就在自己的前面，還有幾個花盆似乎也要比平常更大一些。

這部汽車搖搖晃晃地前進著，福特則竭盡全力地控制著汽車沿著直線行駛。他駕駛著汽車遠離了花盆，接著一個急煞車，避免撞到柵欄，然後直接駛向晾衣繩。這條他平常根本沒有注意到的晾衣繩似乎馬上跳到了他的眼前。

在最後一分鐘，亨利．福特想到了滑輪裝置。他將原先鎖緊的皮帶放鬆一下，引擎開始發出陣陣咆哮聲，最後汽車停下來了。亨利．福特走下汽車，用力地喘著粗氣，然後將汽車退回到晾衣繩附近的位置。

「你也看到了，我不僅要製造出這樣的汽車，而且還要掌握駕駛的方法，知道如何在汽車前進的過程中轉換汽車的方向。」亨利．福特說。在他看來，他需要一個更加寬闊的地方才能完成這樣的實驗。

在他努力控制汽車不去撞晾衣繩，避免汽車損毀之後，他將汽車開向了大街。當他駕駛著這輛汽車經過自家的房前時，汽車發出轟轟的轟鳴聲，駛出了礫石人行道，朝著愛迪生大道前進。附近散落分布的房子此時都籠罩在一片黑暗與安靜當中，此時每一個人都已經睡覺了。

這臺較小的汽車在經過一灘汙水時，會因為煞車或是地勢不平坦而出現跳躍的情況，發出咯咯聲與咆哮聲，但是這個汽缸卻始終表現得非常勇猛。亨利．福特坐在堅硬的木板上，與轉向槓桿搏鬥，而站在人行道上的克萊拉則是用圍巾包裹著身體，不安地跟了上去。對於克萊拉來說，跟上這輛車前進並不困難，因為這輛車的行駛速度與人步行的速度相差無幾。

在第一個街角的盡頭，福特成功地讓汽車轉向，然後駕駛著汽車來到了路旁的街道，接著以「Z 字形」的方式在兩邊進行來回方向轉換測試，而福特則努力擺弄著操縱桿，以求讓汽車能夠沿著直線前進。幸運的是，底特律這座城市的街道非常寬闊。

當亨利．福特駕駛著汽車來到第二個街區的時候，他開始思考著如何才能將汽車掉頭，以便行駛回去。在第三街區路口的時候，他成功地解決了這個難題。他將汽車停下來，然後跳下車，然後用手推動著汽車轉了一個圈，然後就駕駛著汽車往家的方向開去。

此時，引擎似乎在漸漸失去動力，但卻依然能夠發出轟鳴聲，推動著這輛輕便的汽車朝著福特的家前進，福特最終將汽車開回到院子裡。福特將引擎熄火，將其推進老房子中，然後轉過身對克萊拉說。

「你看到了，汽車的功能表現得非常好。看來我們現在要吃點早餐，然後上床睡覺了。」福特說。克萊拉聽完福特的話之後，馬上跑回家做咖啡了。

「我當時的感覺如何呢？當然，我感到有點疲憊了。」福特現在回憶說。「我吃了一點早餐之後，就上床睡了一天。我知道我研究汽車的真正工作才剛剛開始而已。我必須要想辦法去籌措足夠的資金，以便創辦工廠，讓別人對我的發明感興趣——還有許許多多的事情要去做。更為重要的是，我發現這輛汽車還存在著許多急待改進的方面。」

第十六章：

認識開咖啡店的吉姆

也許，整天躺在功勞簿上睡大覺的心理是造成很多人變得平庸，並阻礙人類繼續前進的重要原因。對一般人來說，取得了一定程度的成績之後，他們都會抽出一些時間去陶醉其中，或是選擇不斷炫耀自己。但是，歷史上那些取得偉大成就的人的一個重要特徵，就是絕對不允許自己躺在功勞簿上睡大覺，他們只關心自己如何在未來創造出更大的成就。

亨利．福特已經製造出了一輛汽車，他在過去的四年裡所付出的艱辛努力已經得到了回報。這臺輕便的汽車其實只與一輛腳踏車的大小相差無幾，但上面安裝有離合器與皮帶傳動裝置，還裝配有一個小型的單汽缸引擎、一些尚未得到充分改進的轉向裝置。但就是這麼一個看似簡陋且極不完善的發明，卻代表著人類文明的進步又邁向了另一個新紀元。

要是福特在此之後花一兩個月時間陶醉於成功或是喜悅當中，開著這輛車在底特律的大街上來回兜風，看著之前那些嘲笑過他的人現在投來的羨慕目光的話，當然也不會有什麼人因此而責備他。

但顯然，這樣的事情並沒有發生在福特身上。他看到的只是這輛汽車還存在著許多可以改進的地方。他對於別人的讚美或是嘲笑都不是很關心。

在經過一天的休息之後，他又像往常那樣開始了工作。當愛迪生電力工廠的幾位同事笑著詢問他製造出來的機器表現如何的時候，福特只是淡淡地回答說，發明進展得還算很順利，並且他已經試駕過了。在下午六點鐘的時候，他就匆忙趕回家，匆匆吃完晚飯之後，就來到了那間老房子裡，像平常那樣開始了夜間的工作。他想著如何製造出一個能夠輸出更大功率的引擎。而在閒暇的時間裡，他則會思考著如何改進轉向裝置。

當福特淡淡地表示自己製造出來的汽車竟然真的能夠前進的時候，很多人肯定是覺得不可思議或是錯愕的。福特在愛迪生電力公司的同事開始想要去福特那裡看看究竟。他們帶著疑問前去，準備著要麼對福特發明出來的東西哈哈大笑，要麼心悅誠服地佩服福特。但是在他們檢查了引擎，審視了傳送帶以及轉向裝置之後，準備離開的時候，他們的內心依然在佩服與嘲笑之間搖擺不定。

「很好，這輛汽車能夠前進。」他們說，「毋庸置疑，我們之前嘲笑這輛汽車是異想天開的看法是錯誤的，它確實是能夠真正自主運轉並前進的。你們認為他是怎樣冒出這樣一個想法的呢？但是，他該從哪裡籌措資金來生產這樣的汽車呢？畢竟，這樣的汽車其實也沒有什麼市場——當然，極少數富人可能會購買這樣的汽車來作為一種娛樂設施，但他們購買的動機也僅僅是為了追求新奇好玩而已。畢竟，福特並沒能製造出一種足以代替馬匹，具有諸多功能的機器出來啊。」

也有一些人對此有完全不同的看法，他們對福特的發明充滿了熱情與期待。

「我的天呀！福特，你製造出來的這輛汽車將會促成數百萬美元的大生意啊！數百萬美元啊！」他們說。「你現在應該想辦法去建立一家公司 —— 一家大公司。將各種資源整合起來，然後出售股票，接著就迅速獲得足夠的資金。然後，你可以製造出類似於敞篷旅行車那種樣式的汽車，這樣的汽車有皮墊、車頭燈以及好看的表層磁漆 —— 因為不少人都有能力購買一輛價格高達兩三千美元的汽車。你能夠從中得到百分之百，乃至百分之兩百的利潤，你將要發大財了！」

福特聆聽著他們的話語，卻沒有表示什麼。他依舊忙於改進自己的機器，這些人說的話都不是他想要聽到的。他覺得自己只需要再改進一些細節，就能夠讓這臺機器變得更加高效與節能。與此同時，他在腦海裡思考著如何將這樣的汽車投放到市場當中去。這樣的計畫始終都包含著一個基本的要點 —— 他想要讓自己所製造出來的汽車變得更加廉價，以便其走進千家萬戶，而不只是成為富人所喜歡與專有的玩具。

「我必須要製造出一個既能夠節省時間、提高效率，又能夠節省金錢的機械裝置。」他說，「購買這種汽車的人越多，那麼這輛車的價格就會降得越低。製造那些只能被富人們所購買的汽車，這是毫無意義的。真正需要這種汽車的人並不是少數的富人，而是千千萬萬像我這樣的勞工。」

愛迪生大街上的一間小房子後院裡的老房子裡製造出了汽車，這樣一個驚人的消息迅速傳播開來了。就在此時，有關一兩家汽車公司在美國成立的消息也廣泛傳播開來。一位來自伊利諾州斯普林菲爾德名叫杜里埃的人，還有另一位來自印第安納州科科莫名叫海恩斯的人，也同樣在研究著與福特相似的汽車。一位記者找到了福特，發現他正在繼續研究如何改進引擎，於是就採訪了他，最後寫出了一篇報導，刊登在底特律的一家報紙上。

有幾個富人找到了福特，提出要進行交易，並提供資金給福特去大規模地製造出這樣的汽車。他們與福特的一些朋友的想法是一樣的，都看到了一個創辦大公司，出售股票，然後製造出價格高昂、收益極豐的汽車的機會。

在某段時間裡，福特曾經考慮過這樣的提議。但是，製造出汽車只不過是實現他總體構想的一半，製造出廉價的汽車則是另外一半的構想，而且他絕對不會放棄這另一半的構想。

他計算了投入與盈利的比例。可以選擇僅僅製造出少量價格高昂的汽車，那麼可以獲得百分之二百的利潤；或是選擇大規模生產汽車，但每輛汽車的利潤隨之大幅度降低。他認為，對於一家汽車製造工廠來說，最安全妥當的方法就是大規模生產這種汽車，產生的利潤足以維持擴大工廠的規模，並同時擴大生產規模以便獲得更多盈利就可以了。但是，福特這樣的想法，那些想要迅速獲得較大利潤的富人並不感興趣。最後，那些前來諮詢的富人都打消了與福特合作的念頭。

福特是一個比較固執的人，但在那個時候，他是一個缺乏資金的人，只是一個「碰巧」產生了這樣一個好想法的科學愛好者而已。這些富人們認為，福特最終會想通並妥協的。

福特繼續自己在愛迪生電力工廠的日常工作，晚上繼續在家裡改進著自己的機器。此時，他已經將克萊拉帶回了格林菲德，她可以在那裡與母親一起居住，直到她生下孩子。一天晚上，在一陣歇斯底里的狂叫之後，這輛汽車的改進設計與製造終於完成了。克萊拉此時發現自己能夠從容接受福特對汽車的狂熱興趣了。事實上，就連她自己也開始對福特所說的汽車工業的可能性充滿了熱情。

「你繼續留在底特律，與你的同事一起完成你的工作吧。」克萊拉說，「我與母親在這邊生活得非常好，也許等我回來之後，你就能夠建立公司，建造好一座完整的工廠了。誰知道呢？只是，你不要工作得太晚了，答應我你要按時吃飯。」

福特表示會做到的。但當他在晚上回到那間黑暗的小房子裡，還要面臨生火為自己煮晚餐的任務時，這對他來說似乎是要比製造汽車更加繁重的任務。他用煤氣鍋爐加熱了一下咖啡，然後做了幾塊麵包，使之變成吐司的形狀，接著炒了幾個雞蛋。接著，他就攤開放在廚房桌上的一份報紙，將煎盤放在上面，就這樣解決了一頓晚餐。

很自然的，在半夜時分，他會感到非常飢餓。他來到了廚房，看著沾滿油漬、冰冷的煎鍋時，才想起原來家裡已經沒有多餘的麵包，於是他想到了在一號變電站附近那裡，有一個通宵營業的販售食物的攤位。他之前在那裡上班的時候，有時也會過去買一杯咖啡。

此時的汽車依然停放在老房子裡，他對自己說可以趁買麵包的機會，順便測試一下汽車的轉向裝置。於是，他就啟動了引擎，坐上汽車的木板座位，接著汽車發出來的轟鳴聲響徹沒有人行走的安靜街道，來到了那個販售食物的攤位前。在這裡賣咖啡的吉姆正在煎鍋前忙碌著，接下來他還要做漢堡牛排。當他看到福特駕駛著那輛古怪的汽車駛過來時，感到非常驚訝。他記得此人是亨利・福特。當他在切著洋蔥，為福特準備午夜時分的這份夜宵時，他們開始談論起了汽車的話題。之後，吉姆認真地審視了汽車的每一個細節，並對此感到非常驚訝。當福特載著他走了一段路之後，吉姆一下子對此產生了強烈的興趣。

很快，福特每天都會在深夜時分駕駛著這輛汽車來到吉姆的這個販售食物的攤位前，喝上一杯咖啡，吃上一份熱騰騰的三明治，然後再與吉姆聊天。他們很快就成了非常要好的朋友。

正是這樣一段偶然間形成的友誼，最終產生了非常偉大的結果。今天之所以能夠有成千上萬輛的福特牌汽車在世界各地奔馳著，在相當程度上就是因為福特與賣咖啡的吉姆之間的友誼所創造出的美好未來。

第十七章：
另一個八年

如果福特因為在那個雨夜成功試駕，就對自己可以輕而易舉地製造出汽車產生盲目樂觀的情緒的話，那麼接下來發生的事情會讓他感到無比地沮喪。

在一八九〇年代，很多有足夠金錢可以去建造工廠的人都不願意擴張自己的商業版圖。在那個時代，現金流是最為稀缺的，並且這樣的趨勢越來越嚴重。之前那幾位原本想著要購買福特製造汽車的專利權，以便出售股票，製造出每輛汽車盈利高達百分之兩百甚至三百的金融大鱷們，現在都認為將資金投入到福特製造汽車的生意是無利可圖的。

福特本人也急切地需要金錢來支撐自己的事業。這其中就包括房子的分期付款以及利息的支出，妻子生病的醫藥費、新生孩子的營養費，以及他自己平時的生活費等，這都占據了他薪水的重要部分。福特面臨的種種窘迫困境，會讓絕大多數男人感到無比沮喪。但是，福特卻緊咬著牙關，繼續著自己的工作。

單汽缸引擎的這個問題讓他感到非常煩惱。因為這樣的引擎無法帶給他想要的動能功率輸出。在研究了一段時間之後，福特將這個氣缸拆了下來，從一根管道裡切下來一段，然後製造出另一個汽缸。兩個汽缸輸出的功率得到了顯著提升，但是在將它們安裝在汽車之後，汽車卻在地面上行駛得很不順暢，這讓他感到很不滿意。

他重新回歸到之前那樣的生活常態 —— 白天在愛迪生電力工廠裡工作十二個小時，回家之後自己做晚餐，吃完之後就來到那間老房子裡，利用幾乎整個晚上的時間去研究汽車的零件。之後，克萊拉回到了底特律，重新負責起家務，整天忙於將這個家打理得井然有序，還要抽出很多時間來照顧嬰兒，為孩子做嬰兒裝，洗衣服，熨衣服，努力將平常生活的費用降到最低。

與此同時，其他一些人製造出來的汽車雖然沒有福特的這麼理想，但他們卻開始建造工廠，生產汽車了。有一次，福特從工廠回家的路上，就在大街上看到了一輛不需要馬車拉動的出行工具，這輛汽車塗著黑色的磁漆，座位上裝上了軟墊，前面還有一個精緻的黃銅車燈。一般來說，這些汽車都是用蒸汽引擎驅動的。

在當時，這是底特律大街上的一道靚麗風景，這是只有那些非常富有的人才能購買得起的。

很多人都會圍觀這些車輛，福特在看到這些汽車的時候，內心肯定是比較苦澀的，但他顯然也沒有因此感到非常沮喪。

「我並沒有非常憂慮。我知道我還是可以實現自己的理想。」他現在回憶說，「我跟你說，無論發生了什麼樣的事情，任何一個為最大多數人謀求利益的產品最終都會取得勝利的。這是必然的結果。」

福特回到家，吃了克萊拉早已經準備好的晚餐，依然像往常那樣回到那間老房子裡進行研究工作。

若是站在一個旁觀者的角度去看的話，這些年來發生在福特身上的事情可以說是非常無聊的，因為他總是白天上班，晚上就在這間老房子裡研究機械 —— 其中包括對引擎活塞的每個細節的研究，對引擎每一分鐘的轉速的記錄，還有進行汽油點火實驗。也許，只有被記錄下來的這些實驗的結果，或是福特自身的希望、失望或是內心的掙扎，才會讓這段歲月顯得稍微有趣起來。當然，福特並不是很願意沉湎於這段時間裡所發生的事情。

「我只是又繼續工作了八年時間。」福特淡淡地說。八年啊！

在這段時間裡，福特發現自己的設計還存在諸多缺陷。例如他完成了曲軸，讓曲軸在每一次動力輸出的時候，都能完成一個完整的週期轉動。福特發現，兩次動力的輸出要是能夠以恰當的方式進行分配的話，就能增加動力的輸出功率以及汽車前進時的平穩度。

八年安靜的研究工作帶來的結果就是，福特研製出了第一個實用的雙汽缸引擎，並且這樣的引擎可以很好地安裝在汽車上，使其平穩而快速地行駛起來。在那間老舊的房間裡，在長達八年的時間裡，福特每天晚上都要熬過漫長的工作期，而此時的鄰居都已經在床上安穩地睡覺了，而克萊拉則輕哼著兒歌在屋子裡哄著孩子進入夢鄉。最終，福特設計出了四行程引擎，讓由汽油驅動的汽車變為可能。

在 1901 年的春天，福特終於完成了自己的偉大發明。他登上了這輛九年前就開始試駕的汽車，還是使用以廢舊的腳踏車輪胎，還有以厚木板拼接而成的座位，駛出了那間小房子。這是一個安靜的春天夜晚，天上掛著幾顆安靜的星星。附近的房屋中射出的燈光早已經熄滅，在他自己的家裡，克萊拉與孩子也早已安靜地入睡了。福特將汽車開上了愛迪生大道，然後將油門加到最大。

引擎發出了美妙的聲音。汽車沿著街道前進，街道兩旁樹木的枝葉當中長出來的花蕾都沐浴在春雨當中，而風則呼嘯著吹過福特的頭髮與臉龐。在那間老房子裡待了那麼長時間，出來逛逛是讓人感到非常愉悅的。引擎發出來的持續顫動聲，以及汽車在街道平穩地前進時的感覺，都讓他感到非常快樂。

「真是太好了！我要駕駛著這輛車前去找吉姆，讓他看看。」福特說。

當時的福特在底特律的生活圈子比較狹小，每天長時間的工作讓他無法與更多人培養更好的關係。在愛迪生電力工廠裡，他那隨和卻又相當友好的舉止只能讓他與其他同事成為普通的朋友。隨著他在研究引擎方面取得了諸多成功，朋友們改變了之前對他的嘲笑態度，都變得對他尊敬起來了。但是這樣的關係也遠遠稱不上是親密的關係。

他不認識任何一個有錢人。現在的他依然是一個較為貧窮的人，每天還要努力工作以便賺取薪水，他所擁有的只是自己的大腦以及用雙手製造出來的一些機械設備。在經過了將近十三年的艱苦努力後，他終於製造出了自己夢寐以求的由汽油引擎驅動的汽車，但他卻沒有錢或是有錢人的經濟支持，去將這種汽車投入生產製造。此時，他最親密的朋友就是吉姆。

這天晚上，吉姆饒有興趣檢視了這輛車。他離開自己的攤位，坐上了福特的汽車兜了一圈。他在車上認真聆聽著福特解釋其中所包含的機械原理。

「你最終肯定能夠取得成功的！」吉姆高興地說，「你現在需要的只是資金而已。」福特對此表示贊同。此時的福特在大腦裡思考著如何才能籌措到資金的計畫。當他離開了吉姆所在的攤位，慢慢駕駛汽車回家的路上，他一直在思考著這個問題。第二天早上，他開著這輛汽車前往愛迪生電力工廠上班，在他下班的時候，他開車在底特律的主要城市街道繞了一大圈。

他希望人們都能夠去談論這輛車，他的目的達到了。在接下來的幾個月裡，幾乎每一個生活在底特律的人都在談論著福特製造汽車的這件事。與此同時，福特在愛迪生電力工廠那邊請了幾天假，親自與那些對投資製造這種汽車感興趣的投資商進行了多番會談。他與銀行家以及底特律的許多著名商人進行會談，闡述自己對建造工廠的計畫，展示了這輛車的功能。與他交談的許多商人都對此表示出了興趣，但是福特卻始終沒能得到他們的正式投資。

在這一年秋天的一個晚上，福特與吉姆討論了這個問題。

「我現在製造出了這輛汽車，並且有很不錯的想法。」福特說，「我一定是最終的勝利者。問題就在於這些投資者只有在他們親眼看到了這輛車的功能之後才能完全相信我所說的事實。我現在需要的就是某種能夠充分展示這輛車功能的場合。如果明年我能帶著這輛車去參加賽車比賽的話，那麼屆時這輛車能夠在賽車大賽上所向披靡——到那個時候，那些投資者肯定會蜂擁過來找我的。」

「既然這樣，你怎麼不去做呢？」吉姆問道。福特搖了搖頭。

「這樣做的成本太高了。」福特說，「這個夏天，我已經很長一段時間沒有上班了，每天都在努力去籌措資金，家裡的孩子又生病了。我必須要購買足夠的原料去製造一輛新車才能去參加比賽。我眼下雖然可以籌集到足夠的錢去購買材料，但我卻無法單憑晚上的時間就製造出這輛車。我無法放棄目前的工作，因為那樣意味著我將沒有足夠的錢去養家，但這樣一來我又無法將全部的時間都投入到新車的製造上去。」

第十八章：
贏得賽車比賽冠軍

吉姆聽了福特的話之後，認真思考著福特所面臨的嚴峻形勢。他非常了解福特這個人，也相信福特製造出來的汽車將來肯定會大受歡迎。如果福特能贏得在格羅斯波尼特（Grosse Pointe）賽道舉辦的汽車比賽，這一定會帶給福特全新的人生發展機遇 —— 這能夠讓福特籌措到找尋已久的資金贊助。吉姆評估了一下自己銀行帳戶裡所剩下的金錢，也知道這幾年來自己帳戶的錢，都是依靠平常每一分錢的不斷累積才得以漸漸多了起來。當然這些都是他每天做漢堡三明治以及洋蔥漢堡等食物的辛勤努力中賺來的。

「福特，這樣吧。」吉姆突然下定了決心，「我願意冒一下險。我將出資支持你。你辭掉自己的工作，全身心投入到製造新汽車的工作當中去吧，然後駕駛著這輛汽車去參加比賽。這期間你家庭的生活費，由我來出資承擔。」

福特毫不猶豫地接受了這個提議。他相信自己製造出來的汽車所具有的優越功能必然能夠在將來大發利市。當福特表示自己要寫給吉姆一張借據的時候，吉姆拒絕了，也不需要福特以自己現在居住的房子作為抵押。

「拿上這筆錢吧，沒事的。當你有能力的時候再還給我就行了。你說的話就足以讓我放心了。」吉姆說。他充分表達了對福特的信任之情。

這充分展現出友情在現實生活中所具有的偉大價值 —— 當

所有的外在幫助都已失效的時候，這種純粹的友情能夠以不期而至的方式來拉我們一把。

辛勤的努力、真正的實力、商業智慧，這些能力都根本比不上福特與這位在攤位上賣食物的吉姆所結交下來的友情。正是這樣的一種人生體驗，幫助福特在日後形成了自己獨特的商業哲學理念。這樣一種哲學理念聽上去似乎非常不實際，但最終被證明是非常成功的。

福特說：「倘若一個人能夠以為了最大多數人的利益的觀點出發，去做一些事業的話，那麼這樣的人永遠都不會缺乏任何東西。當然，我說的並不是所謂的心靈影響或是精神層面上的吸引力，或是其他近似的事物。我指的是每個人都非常清楚的常識。只有當我們抱著這樣一種態度的時候，才能更好地結交朋友 —— 與來自世界各地的許多朋友打交道，其中一些朋友可能是我們之前從未見過的 —— 而朋友能夠帶給我們意想不到的良好結果。」

福特接受了吉姆提供的金錢，辭掉了自己在愛迪生電力工廠的工作，開始為參加那場賽車比賽做準備。

「能夠白天與晚上都投入到研究製造汽車上面，這樣的感覺真是太好了。」福特說。

他將原先安裝在汽車上的引擎拆卸下來，重新建造了另一個引擎，新引擎的製造用上了最好的材料。他花費了很長時間去設計一個具有賽車外形的車體，計算出空氣阻力以及車身重量等因素對行駛速度的影響。

在經過八個月認真的思索以及辛勤的努力之後，福特終於製造出了這樣的汽車。在 1902 年初夏的一天，這輛賽車終於完成了。在淩晨四點的時候，吉姆的銷售攤位已經收攤了，此時福特與吉姆就乘坐著這輛汽車去實驗一番。

這輛車的速度就像風一樣快。在清晨略帶寒意的底特律街道上，他們駕駛著汽車以很快的速度經過了瀰漫著灰色霧氣的街道。吉姆緊張到屏住呼吸，緊緊地握住福特所坐的座位，而福特則是專注於調整轉向操縱桿，努力讓引擎輸出更大的動力，想要將車的效能發揮到極致。

「我的天呀！這輛車肯定能夠贏得比賽！」當這輛車緩緩地降低速度，最終停下來的時候，吉姆喘著氣說道。「你的車肯定能以子彈般的速度贏得比賽最終的勝利。」

「是的，這是一輛效能非常好的汽車。」福特邊說邊用嚴肅的眼光看著這輛車。「這的確是一輛非常不錯的汽車。」福特雙手插在口袋裡，站在那裡觀察這輛車。

「其實，我已經產生了要製造出四缸引擎汽車的念頭，那種汽車的速度肯定能夠擊敗這輛車。但是，現在建造四缸引擎的汽車的技術與相關準備尚未成熟。但現在，我已製造出來的這輛汽車依然能夠擊敗所有的對手，彷彿其他汽車的速度就與腳踏車的速度相差無幾一般。」

福特所說的話並不是在吹牛，而只是簡單地陳述事實。這次試車結束之後，福特的汽車表現得非常好。但在這之後，福特的心思就再也沒有在這上面。他所思考的東西已經遠遠超前了，因為他想要製造出效能更好的汽車。

也許，我們可以想像得到，福特在等待賽車比賽日的心情一定是非常焦慮的。福特是這輛車的駕駛，而克萊拉對這場比賽的感覺則是相當複雜的，她既擔心自己的丈夫可能會輸掉比賽，同時又擔心自己的丈夫會在賽車過程中出現什麼危險。她之前在福特試車的時候已經見識過這輛車的速度，這讓她感到非常恐懼。雖然福特再三向她表示，自己之前開這輛車的速度更快，但依然是非常安全的。那時候的全國賽道冠軍是來自克利夫蘭的亞歷山大·文頓，但福特駕駛汽車的速度要遠遠超過文頓。福特表示，在賽道上，他有自信能夠做得更好。之後，他們在賽道上進行了一次安靜的測驗，這證明了福特說的話是正確的，雖然他一直對跑完全程的精確時間保密。

在比賽的那一天，很多人都聚集在格羅斯波尼特賽道的兩旁。這是密西根州第一次舉辦這樣的汽車賽道比賽，在場的觀眾的熱情都非常高漲。亞歷山大·文頓也在這裡參賽，他在車裡面露出了自信的微笑，因為他之前已經打破了許多賽道紀錄。觀眾在看到他之後都發出了熱情的歡呼。

福特在另一邊則顯得很安靜，也許是因為些許的緊張而顯得臉色蒼白。他將汽車駛向了賽道，只有很少人為他發出歡呼。

「那是誰啊？」有人問道。

「哦，那是一個來自底特律的人 —— 讓我想想他的名字吧？福特 —— 之前從未聽說過這個人的名字。但他駕駛的汽車真的很有趣。」

「也許，他是過來友情參賽的，用來填補車手空缺的吧。在自由練習的時候，他是唯一一個與文頓的速度相差無幾的車手。但是他的車根本無法與文頓的車相比。」

「那是庫珀！庫珀！」人群都紛紛站起來，向著湯姆．庫珀（Tom Cooper）歡呼，庫珀是當時的腳踏車冠軍，此時的他走進了賽道，正在與文頓聊天。

福特似乎根本沒有時間去理會這些事情。他一直在忙於修改自己的汽車，也根本沒有金錢或是地位，與這些汽車產業的大人物進行深入的交往，或是與這些冠軍人物相識。

福特根本不會為自己不認識這些所謂的大人物而感到任何的遺憾。他擁有自己製造出來的汽車，擁有著具體的機械設計思維。時間最終會證明他這些思想所擁有的價值。如果他的這些思想是正確的話，那麼他將會贏得這場賽車比賽的冠軍。如果他的這些思想是錯誤的話，那麼他就會重新回到那間舊房子，繼續努力研製出效能更好的汽車。此時，福特再次檢查了一遍汽車，看了一眼油箱的儲油量，覺得自己已經做好充分的準備了。

吉姆此時走過來拍了一下福特的肩膀說：「沒事的，福特，努力贏下冠軍！」然後匆忙地走回到自己在正面看臺的座位上。克萊拉與她的孩子此時都已經坐了下來，但他們的臉上都流露出興奮與緊張的神情。

文頓最後一次向歡呼的觀眾們揮舞著頭盔，然後拴緊頭盔，在車座上坐好。比賽開始的訊號響起來了，福特彎著身子調整著轉向槓桿，然後加大油門，感覺到汽車在前進 —— 比賽正式開始了！

這場比賽發生在很多年前，但是許多生活在底特律的人都還會時常談論起那一場賽車比賽。他們會津津有味地描述當時的比賽開始的情況，在談到文頓的時候充滿了熱情，還有當那一輛不知是哪個人駕駛的小汽車緊緊地跟在文頓駕駛的汽車後面時，感到非常驚訝。在第一個轉彎處、第二個轉彎處以及第三個轉彎處時，文頓駕駛的汽車都是領先的。人群都向文頓發出了最為熱烈的歡呼。接著，人群發出來的聲音漸漸低沉下來了。那輛之前一直跟在文頓後面的小汽車突然加速，超過了文頓駕駛的汽車。這兩輛車在直道上並排著前進，並駕齊驅地進入了第二圈的比賽。

在突然變得一片寂靜的看臺上，吉姆突然發出了一聲大喊：

「福特，加油！福特，加油！」人群跟著他的喊聲一起陷入了瘋狂。

在場的觀眾都不知道到底發生了什麼事情，「福特！福特！文頓！福特領先了！加油！加油！文頓！加油！福特！速度再加快一點！」他們都聲嘶力竭地大聲喊叫著。

最後，這兩輛車並駕齊驅地經過了最後一個轉彎處，人群此時已經難以抑制住內心的激動與興奮，他們都已經從座位上站起來了，發出震耳欲聾的叫喊聲。「福特！福特！加油啊！」

至今，這場比賽的每一個細節都深深印刻在福特的腦海裡，但他卻用一句簡潔的話語概括了這場比賽。

「這是一場極為艱苦的比賽，但我最終獲勝了。」

第十九章：
籌集資金

福特坐在這輛較小的汽車上，臉色蒼白，沾滿灰塵的雙手還在不停地顫抖 —— 此時的他已經成為全國汽車比賽的冠軍了！

他被少數汽車愛好者、汽車推廣人、腳踏車冠軍以及所有想要與這位他們從沒有聽說過的全國冠軍的人親密接觸，原本很多人認為屬於文頓的榮耀都被福特搶走了。在與福特見面的人當中就包括湯姆．庫珀。他抓住福特的手，看著福特 —— 這位身材瘦高，顴骨突出的全國冠軍說：「太厲害了！你在最後一個彎道對汽車的控制真是太厲害了！這輛車是誰的呢？」

「我的。」福特回答道。

「我的意思是，」庫珀認真一眼這輛車的格局，說：「我的意思是，你這輛車使用的引擎是誰發明的。」

「這是我自己製造的引擎 —— 我做出來的。」福特回答道。

「你真的是太厲害了！」庫珀用驚訝的口吻說，「我必須要說你做的引擎太好了！有空的話，我想要親眼去看看引擎的設計。」

「可以啊。你可以隨時到我家來看啊！我很願意將它展示給你看。」福特真誠地說。

他們倆就這樣成了朋友，這樣的友情最終讓他們兩人都獲益匪淺。

體育界其他全國性的知名人物也熱情地祝賀福特取得比賽

的勝利，將福特看成是他們這個圈子當中的新成員。此時，正面看臺上的觀眾依然在發出歇斯底里的歡呼聲。記者們與攝影師們紛紛走上前來記錄這一歷史性的時刻，福特走出了自己的汽車，略顯羞澀地在攝影機面前站著，這是他的照片第一次被刊登在報紙上。之前，很多人都可能曾在街道上無意間看到過福特，但並沒有對他予以太多的關注，但現在他們見到福特之後，都會走上前去拍拍他的肩膀，就像福特的老朋友那樣與他交談。

毫無疑問，福特是這一天中當之無愧的主角。他用很平常的心態看待這件事。他的汽車表現出的優異效能完全符合他長久以來的期望。他內心想到的只是他製造的汽車表現如何，而沒有想到過這會帶給自己什麼樣的榮譽。他希望新聞媒體的報導能夠幫助他籌措到足夠的資金來創辦工廠。

在不到一週的時間裡，他就收到了來自底特律許多富人所給出的提議。當地的許多報紙也刊登了福特、他製造的汽車以及他用來製造汽車的那間老房子的照片，報導了福特這麼多年來所付出的艱辛努力，以及他為了要創辦一家汽車公司所付出的辛勤勞動。此時，全底特律的人們才驚訝地發現了這樣一個事實，那就是對於一個真正具有人生理想以及足夠能力的人來說，他們是完全有機會去實現自己的夢想的。但福特在面對這些富人的時候，始終都會堅持一個要求 —— 那就是他必須要對將來成立的公司擁有絕對的控制權。

在這些富人看來，福特提出的這一附帶條件是不合理的，如果他們為這家公司注入了資金，而福特只是提供創辦工廠的相關思路與技術的話，那麼他們不僅要獲得大部分的收益，還要掌控整個公司。他們認為，要是沒有他們的投資，福特的想法與技術將是毫無價值的。

另一方面，雖然福特因為缺乏資金而努力了八年時間，但福特依然堅持認為自己的想法是這種合作關係中最為重要的部分。他堅持必須讓自己掌控整個公司管理層的要求，以便能夠按照自己的想法去生產製造汽車。

雖然福特晚上依然獨自一人在那間舊房子裡進行研究，他已經在心底裡想出了建造工廠的全盤計畫，構思了生產製造的全套工藝、工廠管理架構等設計藍圖，如何控制從生鐵加工，直到成品汽車出廠的全過程，如何用生產線的方式去生產製造汽車等想法在此時已經基本成型。他已經將製造汽車的成本規畫計算到了一分一厘的地步，思考著安排工作規畫的方法，標準化生產產品，盡可能消除任何形式的資源浪費。

既然汽車已經製造出來了，建造工廠的計畫也已經在腦海裡形成，福特不願意放棄自己的理想，心想一定要將這個理想變成現實。正如他之前建造引擎時一樣，雖然他在這個過程中會遇到很多挫折，但他想要建造工廠的願望從未變得淡薄。要想做到這一點，他必須要制定好公司的各項規章制度。

此時的福特面臨著一個僵局：對那些有錢人來說，要將工廠的完全控制權交給這位可能碰巧知道如何製造引擎的機械師與管理門外漢，這簡直是不可能的事情。福特又不願意轉讓自己的發明專利，無論對方為此開出了多麼優厚的報酬。在一段時間裡，雙方的談判完全陷入了僵局。福特的生活回到了賽車比賽之前的狀態。

但是，福特參加那場賽車比賽的過程中，讓他認識了很多人，其中很多人都都成了他較好的朋友。底特律的一位五金商人詹姆斯·庫森斯（James Couzens）就是其中一員，機械製圖員 C.H. 威爾斯（Childe Harold Wills）也是福特的一位朋友。再加上腳踏車比賽冠軍湯姆·庫珀，他們在福特那間老房子或是福特房子的前廊上，耗費了很多個夜晚來共同探討建立福特工廠的計畫細節。

庫森斯在商業方面有著獨特的天賦，他制定了一個有趣的計畫，那就是讓多名像他這樣資產並不豐厚的商人來共同出資贊助福特。他與很多商人進行了一番討論，最後還是在工廠管理控制權的問題上出現了分歧。

「我們必須要做出一些能讓他們明白的事情，那就是他們必須要按照你的想法去做。我們要做一些讓他們內心真正感到震撼的事情出來。」庫森斯這樣說。

「那贏得下一次的賽車比賽如何呢？」庫珀提議說。「今年秋天，比賽就會改到俄亥俄州舉行了。」

「那不行。這場比賽必須要在底特律這裡舉行才有效果。這樣的話，我就能帶我的那些商人朋友過去一起觀看。」庫森斯對此表示反對。「要想讓這些商人從口袋裡掏出錢來，必須要給他們一些顏色看看才行。」

「明年春天，我還可以繼續到格羅斯波尼特參加賽車比賽。」福特說，「但是，這其實也只是向他們展示我們今年已經展示過的汽車與技術而已。但我現在又沒有錢去製造另一輛汽車。」

此時，福特依然還賒欠著吉姆為資助製造第一輛賽車所花費的錢。吉姆對比賽的結果非常滿意，顯然他之前就已經把寶壓在了福特的汽車會贏上面 —— 雖然此時吉姆已經離開了底特律，但福特還是認為自己有義務將這筆錢還給吉姆。

「你認為自己能夠製造出更好的汽車出來嗎？」庫珀問道。

「我知道我能夠做到。」福特平靜地回答。

「既然這樣，那你就努力去做吧。我會支持你的。」庫珀說。

這是福特所欠下的第二筆債務，但他接受了這樣的提議與資助，並且立即開始製造第二輛賽車。懷著要給庫森斯那些「冷靜」的商人朋友一些震撼，福特遵循了庫珀的提議，那就是要「製造出較為龐大的汽車」。最後的結果當然是讓所有人震驚的。

四個巨大的氣缸讓引擎輸出功率達到了八十馬力。當福特將這輛汽車製造完成之後，庫珀與福特在一個夜晚進行了試駕。附近很多原本已經熟睡的人都從睡夢中驚醒了，排氣管排出了陣陣火焰，引擎所發出來的轟鳴聲在幾里外都能聽到。在龐大的鋼鐵骨架下面只有一個座位，當福特坐在車座上，用手抓住操縱桿的時候，庫珀感到一陣顫慄。

「我的天呀！你認為這輛車能跑多快呢？」庫珀問道。

「我也不知道。」福特回答說。他加了一下油，引擎發出了巨大的咆哮聲，接著排氣管排出了一陣火焰。庫珀獨自站在路邊凝望著。就在轉瞬之間，他能夠看到這輛車在巨大的轟鳴聲中消失在了大街的遠方。

幾分鐘後，福特駕駛著這輛車轟隆隆地回來了，最後將車停下來。福特坐在車座上，臉色蒼白。

「你跑了多遠？」庫珀問道。福特跟庫珀說了實話。

「你是說這輛車能夠跑出那樣的速度？」庫珀一臉駭然地問道。

「這輛車應該還能跑出更快的速度。其實我並沒有將油門加到最大。」福特回答道。他走下車，與庫珀一起站在車的旁邊。他們兩人都用敬畏的目光看著這輛車。

「你知道嗎？我希望你不要讓我在賽道上駕駛這樣的汽車。」過了一段時間，庫珀這樣說。「即便是給我一座金山，我都不敢駕駛這樣的汽車。你必須要足夠勇敢才能去駕駛這輛車參加比賽。」

「我也不敢打包票自己敢以這樣的狀態參加比賽。」福特略帶戲謔地說，「我也不敢將這輛車速度發揮到極致，因為這會讓我贏下所有的賽車比賽。庫珀，如果這輛車在賽道上真的使出了全力奔馳，肯定會撞死人的，我可以肯定這一點。」

第二十章：

堅持一個理念

福特與庫珀出神地凝視著眼前這輛可以「主宰世界」的汽車，沉默了好一陣子。

「我想你已經製造出了一輛真正意義上的賽車。這實在是太棒了。」庫珀用敬佩的口吻說。

「是的。看上去我真的建造出了這樣的汽車。」福特回答說。「但問題在於，這樣的賽車有什麼用處呢？地球上恐怕不會有人願意駕駛這樣的車吧？」

「你說的對。這車的速度讓我都感到害怕，我肯定是不敢駕駛這樣的汽車的。」庫珀坦誠地說。他繞著這輛車走了一圈，然後再次看著這輛車的引擎說：「我在想，這輛車到底能夠跑多快呢？」

「你可以自己去嘗試著駕駛一下，體驗一番。」福特提出了建議。庫珀坐在駕駛位上。福特啟動了汽車的引擎。剛剛陷入沉睡的底特律居民再次被從夢中驚醒。這輛車迅速地前進，箭一般衝向了街道的另一端。

當這輛車發著轟鳴聲往回行駛的時候，庫珀將車停在了街道的中央。

「對我來說，這輛車實在是太快了。」庫珀說，「這輛車的時速肯定超過了四十英里。事實上，我剛才甚至沒有開到這個速度的一半，在比賽時，我肯定不敢將這輛車開到賽道上去。」

他們都露出了陰鬱的神色，面對這個棘手的難題。庫森斯非常希望這輛車能夠在賽車比賽中獲勝，從而贏得他希望爭取到的那些小商人們的對成立公司的資金支持。這輛車耗費了數個月的時間以及庫珀數百美元的金錢，但它前進的速度卻讓開車的人無法保證安全。

突然之間，庫珀有了一個主意。

「我想到了一個法子。我認識一個人 —— 如果說這個世界上還會有哪個人敢開這輛車的話，那個人一定就是他。」庫珀說，「天底下發生的任何事情都不會讓他感到恐懼 —— 他是我在丹佛比賽時遇到的一名腳踏車選手。他的名字叫做奧德菲爾德 —— 巴爾尼・奧德菲爾德（Barney Oldfield）。」

「我之前從未聽說過這個人。」福特說，「但是如果你認為他能夠駕駛這輛車的話，那麼我們就找他來試試吧。他現在人在哪裡呢？」

「他現在人應該在鹽湖城。」庫珀回答道，「我現在就發電報給他。」

那天晚上，他們就向奧德菲爾德發去了電報。他們將這裡的情況告知了庫森斯，他們三個人都忐忑地等待著從鹽湖城那邊發來的電報。電報在第二天發過來了，對方詢問了一些有關賽車的詳細資訊。奧德菲爾德在電報中表示自己之前從未開過汽車。於是，庫珀再次向他發了電報。

賽車比賽會在下個月舉行，留給他們的時間其實已經不多了。這位名叫奧德菲爾德的人如果真的能夠過來駕駛這輛車，那麼他必須要熟練掌握駕駛這輛車的技巧與過程當中的每一個細節。即便是對一個經驗豐富的駕駛來說，在賽道上駕駛這輛車都存在著相當的危險。庫珀與福特那幾天都在電報辦公室那裡徘徊，焦急地等待著對方的答覆。

最後，奧德菲爾德的電報發過來了。奧德菲爾德表示自己願意駕駛這輛車，他會在六月一號趕到底特律與福特等人會和，那時恰好離比賽開始還有一週的時間。

這將是非常忙碌的一週。福特與庫珀將全部的精力與時間都投入到了教會奧德菲爾德如何駕駛這輛車上面。他們將有關這輛車的發動機的許多知識都灌輸給了奧德菲爾德，還將迅速轉彎時要注意的安全事項，以及如何操作轉向槓桿的相關注意事項都詳加叮囑了一番。在比賽開始的前一天，奧德菲爾德將賽車開上了賽道，安全地跑了一圈，不過他一直將車速降得比較低。

「我可以很好地操控這輛車。我明天會駕駛著這輛賽車取得勝利的。」他對此表示。

賽車比賽的這一天終於到來了。福特與庫珀都對即將進行的比賽感到深深的憂慮，他們最後一次認真細緻地檢查了這輛車，並且對奧德菲爾德做了最後一次的指導。庫森斯的溫和表情與自信的態度卻難掩自己的緊張情緒。此時的他已經將自己準備去說服的那些小商人都聚集在一起，將他們都帶到了正面看臺上。這場「完全免費觀看」的賽車比賽就要開始了。

有六輛車進入了賽道。當他們發現巴爾尼·奧德菲爾德坐在賽車座位上，緊緊地握住兩個操縱桿，認真地目視前方的時候，他們都說：「奧德菲爾德駕駛的這輛龐然大物肯定會殺死我的。但又必須要與這輛車一爭高下。」

福特幫忙奧德菲爾德啟動了引擎，賽車比賽正式開始。

奧德菲爾德的長髮在空中飄散著，他的賽車就像是一顆子彈一般迅速將其他所有的對手都遠遠拋在了身後。他一刻也不敢分神去看其他人的賽車，他只是緊緊地握住操縱桿，充分將這輛車的能量釋放出來，將其優越的效能展現得淋漓盡致。在起始的半英里的賽道距離裡，他就已經遙遙領先其他賽車了，並且領先的優勢在不斷擴大。

看臺上的觀眾都感到非常驚訝，他們發出了歇斯底里般的喊叫，看到奧德菲爾德駕駛的賽車轟的一聲經過了正面看臺，身後距離他最近的賽車也在後方四分之一英里處無望地拚命追趕著。在比賽的第二圈，奧德菲爾德的領先優勢仍在不斷擴大，他緊緊地握住操縱桿，從未想過要將這讓人心驚膽顫的速度降下來。他加大油門，繼續保持著之前的速度，似乎整個賽道都已經臣服在自己的腳下。

他駕駛著賽車呼嘯著衝過終點，撞線時大約領先後面最近的車有半英里的距離。需要說明的是，整個比賽的總路程也不過只有三英里而已。

福特製造的賽車竟然跑出如此之快的速度的消息傳遍了整個世界。就在一天之內，人們就紛紛稱讚福特是不折不扣的機械天才。

庫森斯將自己帶來的一群小商人帶到了賽道上。在奧德菲爾德走出賽車時，他們就已經決定在第二天與福特見面，準備聯合出資成立一家汽車製造公司。這場一邊倒的賽車比賽已經徹底說服了他們。

「對一些人來說，除非他們看到了厚達一英里的信件，然後再用圖表去闡述之後，他們才會感到信服的。」福特略有所思地說。

在接下來的一週裡，他們成立了一家公司。福特成為這家公司的董事長、總經理、總監、首席機械師與設計師。他占有該公司的少部分股份，月薪也只有 150 美元，這與他在愛迪生電力工廠工作時的薪水是一樣的。

福特對此感到很滿足。目前的薪水已經足以滿足他們一家人日常的生活開支了。顯然，福特認為只要金錢能夠滿足日常生活就足夠了，此外無論擁有多少金錢其實都不是很重要。最後，他心想，自己終於有機會將多年來思考的計畫付諸實踐，打造出一個帶有福特思維特色的公司架構。於是，他將這家公司所製造出來的汽車命名為福特牌汽車。

在這個過程中，標準化工業生產理念始終是貫穿公司成立與發展始終的。福特在過去曾經想到過要成立一家工廠，這家工廠只製造價格為 50 美分的廉價手錶。這樣的想法在經過了多年的考慮與改進之後，最終在製造汽車方面得到了實踐。福特想出了一個運作流暢、節約能源、效率更高的生產制度，能夠製造出大量標準化的廉價汽車。在福特剛開始製造屬於自己的汽車時，這個想法就一直是他所熱衷要去實現的。

但沒過多久，福特與那些提供資金的商人之間就產生了矛盾。這些商人堅持絕對不能製造廉價的汽車，而要製造更加奢華與高利潤空間的汽車。他們要求福特將原本用於節省生產成本的金錢投入到增加利潤上面來，要求福特不能降低汽車的售價。這些商人都是精明而成功的商人，他們想要按照當時那個時代其他汽車製造商的標準去運作這家公司。

「我不是很想談論那一年中所發生的事情。」福特現在回憶道，「那些人站在自己的角度說的那些話其實也沒有錯。我覺得，即便是在現在的這個時代，依然還有不少汽車製造商矢志生產價格高達三千到四千美元的汽車，並且其銷售業績也是不錯的。因此，我不想批評任何從事汽車產業的人。」

「但事實上，問題就在於這些人根本就從來沒有站在我的角度去看待這個問題。他們不明白這樣一個道理，那就是讓最多數人受益的產品最終必然能夠贏得最多的利潤，並在競爭當中取得決定性的勝利的道理。他們說我的這個想法是不實際的，說類似這樣的經營理念最終必然會損害商業利益。他們說我這樣的理想聽上去很不錯，但這些理想卻始終無法在現實中得到成功。他們說，我根本就不了解有關商業方面的運作規則。他們認為，現在有機會透過生產一兩輛高價格的汽車，從而獲得百分之兩百的利潤。既然這樣，為什麼還要冒險去建造四十輛廉價的汽車，每一輛汽車的利潤卻只能在百分之五左右呢？他們說，反正一般人都不會購買這樣廉價的汽車。

「但我的想法卻是，當越來越多的人能夠擁有這樣美好的東西時，那麼這個世界肯定會越來越好，汽車的銷售業績也會越來越棒。我所製造的汽車必須是廉價的，因此那些對此有需求的人就必然會選擇購買我這樣的汽車。當購買的人變得越來越多之後，我就能繼續設計出更加廉價的汽車，當汽車的銷售數量累積到一定程度之後，其獲得的總利潤絕不是售價高昂的汽車所能比擬的。但是這些人對此表示反對。最後，我們之間鬧僵了，他們要求我要麼放棄自己的想法，要麼就離開這家公司。當然，我最後選擇了離開公司。

此時的福特已經三十多歲了，家裡還有妻子與兒子需要他賺錢養家餬口，現在他是徹底沒有了經濟來源。但即便是在這樣窘迫的環境下，亨利．福特依然堅持著「要製造出滿足最大多數人利益的產品，並最終必然會取得勝利」的想法。他離開了這家可能會讓他成為富人的公司，宣布會堅持按照自己的想法去製造汽車。

第二十一章：
早期的製造嘗試

面對這樣的困境，福特平日裡所結交的朋友再次向他提供了幫助。之前跟著福特做機械製圖員的人表示願意追隨福特前往新成立的公司工作。他多年來依靠辛勤工作一共累積下幾百美元，他願意將這筆錢投資到福特的汽車生產專案上。庫森斯，這位之前幫助福特建立第一家工廠的人，也過來幫助福特，同時還充分發揮了自己的商業天才，努力為福特籌措資金以便成立一家全新的汽車製造公司。

在福特努力思索著公司結構的這個問題時，亨利．福特又在馬克大街上租了一間簡陋木屋，然後將之前放在老房子裡的工具全部搬到這間木屋裡。在幾位機械師的幫忙之下，福特開始了製造廉價汽車的工作。

有關福特正式創辦汽車公司的消息迅速傳遍了整個底特律。在他們製造出汽車之前，就有人開始預訂他們的產品了。很多人慕名前來福特的這間簡陋的汽車生產工廠，與穿著沾滿機油工作褲的福特交談，願意事先為日後才能拿到的汽車支付定金。一般來說，這樣的定金能夠幫助福特購買製造出這些客戶想要汽車的全部材料。

福特製造出來的汽車的利潤非常低。因此，工廠每一週賺到的錢都必須要精確計算到一分一厘，然後將這筆錢直接投入到購買更多的汽車材料當中去，從而製造出更多的汽車。一開始，他的機械師在做完一天的工作之後都會按時回家，接著福特就會獨自一人工作到深夜。沒過多久，很多機械師都被福特忘我的工作精神所感染，在回家吃完晚飯之後都會過來幫助他。

與此同時，一些人也願意購買這家剛成立沒多久的公司的股份。當時整個公司的股份價值為 10 萬美元，這些人購買了價值 15,000 美元的股份。接著，福特就利用這筆錢投入到新一輪的汽車生產製造當中。

工廠的員工逐漸增加到四十人，威爾斯此時成為機械部門的主管。在短短的六天時間裡，他們就訂購了足以生產許多輛車的材料，每一磅的鋼鐵或是每一英寸的鋼絲都要計算得非常精確，確保能夠用它們製造出一輛完整汽車，並且在每輛車上造成的浪費不會超過 10 美分。

接著，福特與庫森斯就開始努力準備四處外出去推銷汽車了，他們採用的銷售方式是先付定金，過一段時間之後，汽車生產完畢，再前來提車的銷售模式。福特將每輛汽車的定價都設為 900 美元，他認為這個價格能夠將一輛車所需要的材料、工人的薪水以及工廠的日常開支都包括在內，並且還能讓公司獲得較低的利潤，從而購買更多的材料以擴大生產，進行汽車的進一步生產製造。

無論白天，還是黑夜，福特都感到非常焦慮。對他的這家工廠來說，1,5000 美元是一筆非常小的數目，僅僅就支付工人薪水的這一項，這筆錢也只能維持十週而已。購買的材料必須要在短期內製造出汽車，然後將其及時銷售出去，資金才能得以迅速回籠，這一切都需要在交車的時候才能實現，如果這一過程不能及時完成，整個公司的資金鏈就有斷裂的危險。很多時候，一位買家在贏得了賽車的賭注之後，才會將購買汽車所需要的金錢支票寄過來，但這需要幾個小時的時間。因此，在發薪水的那一天，福特經常面臨著沒錢可發的境地，只有在他們將一批尚未製造的汽車的預定金拿到手之後，才能將薪資發出去。

但是，福特所成立的這家工廠製造出來的汽車賣得很好。他們製造出來的汽車簡潔大方，引擎功率強大，最重要的是價格相當低廉，而當時的許多汽車的價格基本上都在 2,500 美元到 4,000 美元之間的。在短短的幾週時間裡，克利夫蘭就不斷有訂單發出，很快，芝加哥就有一位經銷商就表示願意在這個城市當中建立福特汽車經銷點。

工廠能否取得成功，在相當程度上取決於每週能否獲得足夠的訂單量。在這個過程中，福特則發揮了自己在管理工廠方面的天才，他將材料以及勞動力的浪費降到了最低限度。他努力研究結構更為簡單與廉價的全新發動機。他計算出了訂單所需要的精確材料數量，他日常的生活開支也降低到了基本能夠維持溫飽的狀態。工廠賺來的每一分錢都被他投入到維持工廠的繼續生產製造當中。

這一年，福特的工廠大約銷售出一千輛汽車。但在冬天到來的時候，銷量開始減少了，最後幾乎可以說銷售處於停頓的狀態。但是，工廠還得繼續運轉下去，從而為明年春季的銷售工作做好準備。現在暫時關閉工廠可以讓工廠在明年繼續運轉，但是繼續製造汽車，為明年春季的銷售做好準備，這對工廠的繼續營運也是極為關鍵的。

在這種緊要關頭，福特想到了賽車比賽所帶來的巨大廣告宣傳效應。第二年，福特設計出的四汽缸引擎汽車就投入到了市場當中。要是他能夠在冬季充分展現出四汽缸引擎汽車與過去那些常見類型引擎所驅動的汽車的巨大差別，那麼他在來年春季銷售中能夠取得成功就將是板上釘釘的事情了。

在十一月的時候，福特宣布他將會製造出四汽缸引擎的汽車，並依靠這種汽車打破之前其所創造出來的世界汽車速度紀錄。

巴爾尼·奧德菲爾德駕駛的那輛汽車已經表演了處女秀，現在這輛車被搬到工廠，福特詳細檢查了這輛車。他們重新將這輛車的車身進行了改造，讓這部車的線條能夠與現在的賽車相差無幾。福特本人還重新設計了發動機。

汽車測試的工作在聖·克萊爾湖冰凍的湖面上進行。他們之前就已經測試了湖面的堅硬程度。在約定好的那一天，福特作為試駕人對這輛車進行了第二次試駕。

一陣寒冷的風吹過結冰的湖面，此時的湖面看上去非常光滑，事實上冰面上卻因為寒冷的大雪而產生了許多細縫與不平整的地方。福特裹著毛皮大衣，戴著一頂能蓋住耳朵的皮帽，懷著不安的心情坐在汽車的駕駛位上。他在心裡默唸著不能經過的地方。接著，他啟動了汽車，在座位上穩穩地坐定之後，就向那位搖旗的人示意。在得到可以開始的訊號之後，福特馬上加大油門，汽車迅速前進起來。

福特駕駛著這輛車撞到了一個冰縫，汽車的兩個前輪同時懸在空中。福特緊緊地抓住操縱桿，差點被甩出了車外。他的汽車在冰面上以之字形的方式前進著，像一個球那樣不斷地上下蹦跳著，但是汽車卻一刻不停地在前進。他駕駛的這輛車有兩次都差點失控了，但福特還是能夠讓車按照原先既定的方向前進，始終沒有關閉引擎。他以 39.2 秒的成績跑完了一英里的路程，超過了此前的世界紀錄將近 7 秒之多。

第二年，福特汽車的銷售取得了巨大的成功，這幾乎是必然的。

第二天，當福特回到工廠後，威爾斯見到福特的時候卻面露難色。今天是發薪水的日子，但是工廠卻已經沒錢了。

「我們上一週沒有跟你提這個問題，是因為你正忙於準備賽車的事情。」威爾斯說。「我們認為芝加哥那邊會在最後時刻送來支票。現在已經過去兩天了，但支票依然沒有送過來。我們昨天就向那邊發去電報了，但是現在都還沒有回音。庫森斯今天早上就乘坐火車去那邊想要了解一下情況。你也應該知道現在的情形。這些工人都想要領薪水以便回家過聖誕節。現在公司都需要這些員工，而他們所要的薪水卻遠遠超過了我們的支付能力。我擔心這些員工會因此而辭職。如果他們真的這樣做的話，那麼我們就無法趕在下週前將來自辛辛那提那邊的汽車訂單完成了。」

福特深知，要想從股東那裡籌措到更多的資金，這是不可能的事情。這些股東已經投入了許多錢。要是再將屬於自己的那些股份拿出來的話，那麼他就會失去對整個工廠的控制權，到時候反而會讓接下來的銷售工作更加難以展開。現在，他的這家公司還在苦苦地為生存而掙扎著，還沒有分發任何紅利，而其他的汽車製造商已經從汽車銷售中獲得了巨大的利潤，讓這些公司能夠在接下來幾年裡進行肆無忌憚的擴張。福特的這家公司沒有任何值得一提的資產，有的只是租借來的廠房，購買的一些裝備以及一些尚未完成的訂單。

「如果我們想要度過這個難關，這些工人必須要熬過這一艱難時期。」福特說，「我會跟他們說的。」

那天晚上，當工人們完成了這一天的工作之後，他們都前來辦公室想要拿到自己的薪水。他們卻看到了福特站在大門口處。福特表示自己有些話想對他們說。當這些工人都聚在一起

的時候 —— 此時工人的數量已經有將近一百人了 —— 福特從椅子上站起來，讓每位工人都能聽到他所說的話。福特對工人們說出了工廠現在所面臨的嚴峻形勢。

「大家聽著，假如你們現在能夠幫助工廠渡過難關，那麼我們今後的發展就會非常順利。」福特用總結性的口吻說，「你們都知道我們現在將要銷售的汽車數量，你們也知道昨天試駕的那輛汽車的效能表現。即便我們無法從芝加哥那邊得到那張支票，我們也能在這個冬天完成尚未完成的所有訂單。到了明年，我們就會有更多的生意上門。但這一切都取決於你們。如果你們現在就辭職了，那麼我們這家工廠也就完蛋了。你們大家說說該怎麼選擇呢？」

「福特先生，肯定沒問題啊！」「我們肯定會留下來的！」「我們跟著你一起，千萬不要忘記這點！」工人們異口同聲地說。在他們離開工廠回家之前，大家都過來親自向福特保證，他們會一直支持福特工廠的。第二天，這些工人又回到了工作職位上，在接下來的一週時間裡，他們打破了之前每週生產汽車數量的紀錄。

「資本與工人之間的戰爭就像是真正意義上的戰爭。」亨利今天回憶說，「這樣的戰爭之所以會發生，是因為我們彼此都不是很了解。作為老闆應該坦誠地對待員工，讓他們知道自己工作的目的。因為工人與老闆其實都是非常聰明的。要是老闆需要幫助，那麼員工也會主動過來幫忙，即便一天需要工作二十四個小時，也會讓工廠處於正常運轉的狀態。除此之外，他們會為老闆出謀劃策，以老闆根本想不到的方式提供給他諸多的幫助。」

「最大的一個問題就是，人們對實用的東西與精神層面上的特質進行了過分明確的區分。我要告訴你們，忠誠、友善以及彼此幫助，這些都是世界上真正寶貴的東西，這能夠帶給我們最為『實在』的幫助。如果我們每個人都能夠用足夠的勇氣去相信這點，並且踐行這樣的理念，那麼戰爭、浪費以及形形色色的痛苦就會在一夜之間從這個世界上徹底消失。」

第二十二章：

適用於大眾的汽車

沒過多久，庫森斯就從芝加哥回來了，他不僅帶回了那張延期的支票，而且還有一些其他的訂單。他之所以能夠獲得這些訂單，相當程度上是因為福特在聖克萊爾湖的冰面上所創造的汽車速度紀錄。

當時福特公司的根基還不是很牢固，但前景卻是非常光明的。美國人已經開始意識到，汽車不僅僅是屬於那些勇敢者，使其能夠在賽道上進行炫耀的一種工具，也不再是富人手中的玩物，而是能夠讓普通百姓消費得起的一種節省時間與勞動力的實用交通工具。

可以說，汽車產業是在一夜之間發展壯大起來了。很多剛剛成立的汽車公司都能收到許多訂單，數十人投資的新公司都能擁有數百萬美元的資產。汽車產業就像是雨後春筍一樣蓬勃發展，整個國家的汽車產業都充斥著銷售股票的計畫，建立汽車工廠，買來各種汽車零件，然後組裝起來再進行銷售。這樣的財富來得很快，但去得也很快。人們幾乎每天都能夠看到新款汽車上市。

每個人都想要擁有一部汽車。當時，汽車可以說是一種奢侈品，激發了很多人想要在車輛方面超過鄰居的攀比心。與此同時，很多汽車的實用性是否能夠與其價格成正比，這的確是一個很大的問題。此時，很多報紙上都刊登著相關的漫畫內容，這些內容都真實地反映了當時一個重要的主題，那就是「很多人為了購買一輛車，寧願拿自己的房屋去做抵押。」

隨著人們對汽車的興趣越來越濃厚，很多商人都投資數百萬美元去建造更為寬敞、精緻或是奢華的汽車，從而壓制住自己的競爭對手。但在這樣的市場大環境下，亨利·福特卻依然堅守著自己的信念。在那個時候，他似乎是唯一一位意識到汽車應該是滿足普通人需求的人，而這些普通人都是工作勤奮、生活節儉的一般收入人群，這些人都已經習慣了在沒有汽車這種新鮮事物的情況下生活。因此要想讓這些普通人花錢購買價格昂貴的汽車，他們只能拿自己的房子去做抵押。

「在那個時代，汽車消費就好比現在的人們想要購買蒸汽遊艇。」福特說，「可以說，汽車就是為少數有產階級製造出來的。任何一樣只對少數人有好處的東西都不是真正意義上的佳品。只有對所有人都有好處的產品才是真正意義上的優良物品，不然的話，這樣的產品最終將會被世代所淘汰。」

福特的這種理念在當時可以說是非常激進的。你可能會從街角那位說書人那裡聽到，雖然我們這個國家有很多美好的東西，但一些東西之所以不是很好，就是因為大多數人無法得到，因此這些東西就是不好的。這是喬治·華盛頓（George Washington）甚至是耶穌·基督會說的話。難怪，人們後來驚訝地發現亨利·福特基於這樣的經營理念，竟然也能夠取得如此巨大的成功。

「我可以告訴你，這完全就是非常樸素的社會常識。」福特堅持自己的理念。雖然有很多人提供他所謂的「好建議」，講述一些所謂「合理」的商業法則，但是頑固的福特卻依然堅持自己的想法，努力踐行自己的人生信念。

福特製造出來的汽車價格很低。相比於其他汽車而言，他的汽車價格要低將近 1,000 美元。福特表示，自己還要將製造出來的汽車價格再調低一些。他在製造汽車、工廠管理、購買材料等方面所節省的每一分錢，都會從銷售價格當中減去。

福特的汽車越來越好賣。來自全國各地的訂單蜂擁而至。原本設立在馬克大街的廠房已經無法滿足現在的製造需求了。工廠從銷售汽車中得到越來越多的利潤，工廠也開始應徵越來越多的員工，安裝越來越多的機械。但是來自各地的訂單還是不斷瘋漲，眼下的這家工廠的製造量與容納度根本滿足不了新的發展需求。

克萊拉現在有錢購買自己喜歡的帽子了，而不再需要像以往那樣自己來編織帽子。她有錢購買一些家具，擺放在客廳當中，可以購買自己喜歡的手套與鞋子。她還購買了其他的一些東西。她甚至還談到要僱用一位女工來做飯。但是，福特本人的生活方式並沒有什麼明顯的改變。他還是像以往那樣穿著能夠讓他感到溫暖與舒適的衣服就可以了，在飢餓的時候就吃東西，在普通的床上能夠睡得非常安穩。他從未想過要在自己身上多花點錢，從而增加生活的舒適度。

「擁有的金錢能讓一個人感到生活舒適就足夠了，多出來的金錢對一個人來說是毫無意義的。」福特說，「要是你肆意地將金錢揮霍在自己身上的話，那麼這最終必然會傷害到你自己。金錢只是讓商業持續運轉的一種潤滑劑而已。」

福特還是像過去那樣辛勤地工作，專心設計出更加簡單廉價的汽車，努力克服著隨之而來的各種困難，規劃著建造全新的工廠。在這些事情當中，他最關心的就是建造一家全新的工廠。

他製造出來的四汽缸引擎汽車所取得的成功，讓他有足夠的金錢去建造這樣一家工廠。他在皮格特大街購買了一小塊土地，然後準備將工廠從馬克大街那裡租借的廠房當中搬到新的廠址。

當年那個成立手錶工廠的夢想最終還是以另一種形式實現了。亨利．福特宣布，擁有了一大批特殊的機械以及一個富有人情味的工作環境，汽車的銷售價格將會前所未有的低廉。他將新工廠的每一個細節都計算在內，將工廠的空間、工人的時間、工作效率都全部納入自己的計算與規劃範圍內。

汽車的每一個零件的規格與加工過程都必須要計算到非常精確的地步，這樣的話，在安裝工廠裡就不需要耗費額外的人力物力去再次打磨。從生鐵進入到工廠的一端，再到一部完整的汽車從工廠的另一端駛出，整個過程都不會有任何的耽誤，也不會有多餘的消耗。汽車的每一個零件都計算得非常精確，能夠利用機械進行自動組裝。福特宣布，他的工廠能在一年之內製造出一萬輛汽車。

福特的宣告讓當時整個汽車製造產業都大吃一驚。接著，很多汽車製造商都對福特的宣告嗤之以鼻。很少有人會真的相信福特竟然會真的與同行都接受的行規背道而馳得這麼徹底。但是，福特的新工廠很快就建好了，福特要求按照他的計畫將機械安裝好。當工廠真正開足馬力開始進行生產活動時，全世界的人才真正見識到什麼才是真正的高效與大規模標準化工業生產，及其對世界帶來的翻天覆地的改變。

此時，我們還是要說，福特在汽車產業所取得的成功並不是輕易得到的。作為一個貧窮且勤奮的機械師，他勇敢地面對並克服了研究過程中的苦悶與寂寞，要忍受貧窮的生活以及別人的嘲笑。當他成為一名不知名的發明家之後，依然過著貧窮的生活，他還要經過一番艱苦努力才能讓自己在商界當中站穩腳跟。現在的他要想確保自己在汽車產業獲得舉世矚目的成功與同行的認可，還需要去打贏一場曠日持久的官司。

汽車工業協會是一個由當時七十三家最大的機動車製造公司組成的產業協會，這個協會對福特的汽車製造公司提起了法律訴訟，要求福特賠償一大筆侵權費，因為福特生產的汽車侵

犯了塞爾登 (Seldon) 專利。

塞爾登專利是一項使用汽油引擎作為機動車動力的技術專利。當汽油引擎驅動的汽車開始投入到市場進行銷售的時候，一個叫塞爾登的人宣稱自己對所有這種動力類型的汽車都享有專利權，這類汽車的生產商都必須向其支付專利使用費。其他的汽車製造商幾乎無一例外都要屈從於他的專利權，在獲得租借專利權的條件下去製造汽車，最終租借專利的成本都被轉嫁到了銷售價格上，由消費者買單。

亨利·福特對此也曾猶豫了許久。在塞爾登申請這個專利之前，他就已經製造出了能夠自我驅動的汽油引擎。除此之外，這個專利權嚴重地影響到了他想要製造出廉價汽車的美好夢想。最後，他斷然拒絕了支付這樣的款項。

這些塞爾登專利的承租人都認為福特的汽車製造公司是整個汽車產業的敵人，並且認為要是福特成功地將專利租借費用從其製造成本中省去的話，這將會為他們的未來發展帶來更大的不良影響。因此，他們決定立即投入數百萬美元去與福特打一場官司。

第二十三章：

與塞爾登專利權抗爭

亨利．福特憑藉著自己頑強的鬥志與辛勤的努力，終於在汽車製造產業踐行了自己長久以來極為珍視的經營理念。他在汽車製造業裡創造出了一種全新的營運模式——這種模式在當代的製造產業裡已經是相當普遍了。此時的福特還需要在法律層面上打贏這場官司才能贏得完全的勝利。他需要對抗塞爾登專利——這一項專利在過去的十年裡一直都是其他汽車製造商必須為之付出專利租用費用的——因此當福特表示自己不願意為這個專利支付費用時，這不僅在汽車產業內造成了極大轟動，也讓許多律師為之感到震撼。

在這個案件審理的過程中，案件的複雜性甚至連法官都感到非常不解。此時，很多不利於福特公司的消息都在社會上不斷流傳。每當福特遭遇挫折之後，他都會以更加堅定的決心堅持下去，不斷進行上訴，重新展開圍繞著這場官司所進行的抗爭。

一方面，汽車工業協會正在努力地維持塞爾登專利的權威性，因為他們之前已經為租用這個專利權付出了一大筆錢，因此必須要將汽車的價格定得很高，以保護這些汽車製造商的利益。另一方面，福特則不斷要求整個產業都需要從這樣的專利條款中釋放出來，因為他認為支付這樣的專利費用是不合理的，會讓整個汽車產業無法真正發展起來。為了能夠將他的工廠製造成本降到最低，以便製造出更加廉價的汽車，他必須要與此進行抗爭。

汽車工業協會做出了第一個敵視福特工廠的舉動，他們不斷利用媒體去引導輿論的走向。現在很多人都還記得，在那個時代，幾乎在美國每個地方的報紙上都會看到許多廣告，這些廣告的內容警告美國人不要購買福特工廠製造出來的汽車，表示每一名購買福特汽車的車主都已經侵犯了塞爾登專利條款，都有可能因此而遭到起訴。

那些年真的是汽車產業比較混亂的幾年。汽車產業在暴利的驅使下，實現了歇斯底里般的瘋狂擴張，後來雖然因為一九零七到一九零八年爆發的經濟危機而有所收斂，但後來卻又迎來了發展的第二次高峰。數十家汽車製造工廠在美國各地不斷出現，這些公司不斷地出售股票，組裝一些汽車，之後就從汽車市場上徹底消失了。很多購買了這些汽車的消費者在汽車出現故障之後，都不知道該去哪裡修理，因為他們找不到適合這些汽車的配件。

可以肯定的是，要是法院最終判定福特汽車公司需要支付侵犯塞爾登專利而累積下來的鉅額罰款的話，那麼福特公司將會陷入破產的局面。很多忠實的消費者也不得不選擇其他的汽車公司所生產出來的汽車，以避免陷入法律層面上的糾紛——他們唯一的選擇就是汽車工業協會旗下的那些汽車製造商所製造出來的汽車。

此時的福特已經捲入了這場與汽車工業協會及其背後擁有數百萬美元資產的財團之間的抗爭，他發現自己有可能失去大眾對自己公司所生產的汽車的信任。

打官司的那幾年所發生的故事是很難一一說明的。可以說，福特要比之前自己在那間老房子裡製造第一輛汽車的時候更加勤奮地進行工作。每天，他是工廠裡第一個上班的人，在底特律人都在床上沉睡之後，他依然還在工作。他每天要忙著與律師見面，與庫森斯討論著他們公司面對的最新危機，還要處理一系列商業問題，與經銷商們討論他們所面臨的困境，時刻都要想辦法改進公司的管理結構，降低公司的生產成本，提高製造汽車的效率。

福特汽車公司製造出來的汽車銷量很好。福特的汽車就是為普通人製造出來的，因為大多數美國人都是中產階級，因此價格低廉的汽車是他們有能力去消費的。福特知道，如果他能夠始終保持強大的自信，那麼他最終會贏得這場官司的。

他採取了一系列行動去反駁汽車工業協會的輿論攻擊。他在許多重要的報紙都刊登了大量的廣告，向購買福特牌汽車的消費者保證，他們一定不會因為侵犯塞爾登專利權而遭受起訴，並且表示自己得到了紐約一家證券公司的支持。接著，福特不斷向高級法院提出要廢除塞爾登專利的使用權，不斷地與之抗爭。

在一九〇八年的時候，這位在二十年前離開農場的時候一無所有的男孩，憑藉著自己的雙手以及大腦，經過不斷的努力，成為美國最大的汽車製造公司的老闆。這一年，福特的公司製造並銷售了 6,398 輛汽車。

要是福特最終輸掉這場官司的話，福特公司銷售出去的每一輛汽車就要多承擔一份法律風險，但是福特的公司在汽車行業已經牢牢地站穩了腳跟。他們的經銷商在世界各地都已經建立了經銷點，來自世界各地的訂單持續地湧來。福特公司所獲得的利潤不斷增加。福特發現，他的公司淨利潤增長的速度要遠遠超過他的預期。

在這一年年末的時候，福特與庫森斯坐在辦公室裡，認真檢查著公司的資產負債表。公司銀行帳戶裡的數字讓他們感到非常滿意。整個工廠正在滿負荷地運轉，還有許許多多的訂單在等待著開工。在接下來的一年裡，公司的前景是非常光明的。

福特懶洋洋地靠在椅子上表示：「我想我們的公司已經脫離了危險，一切都正常運轉。」福特說。他將手放在口袋裡，然後略有所思地望著天花板。「還記得我們在馬克大街時期的工廠嗎？」福特接著說，「在芝加哥那邊的支票還沒有送回來時，我們無法及時給工人們發薪資的事情嗎？」

「我當然還記得這件事！那一天，我們從克利夫蘭獲得了第一個訂單。你還記得你在工廠裡努力工作，將那輛車製造好的事情嗎？」

「而你在兩個月的時間裡不斷忙著找尋製造汽車的材料。那時的每一個機械工人都是徹夜加班工作，我們只有等到克利夫蘭那邊把錢寄來之後，才能讓他們去領薪水。看來，我們真的有一群非常優秀的員工啊！」

他們談論了許多過去一直跟隨他們進行打拚的員工。其中絕大多數員工已經成為工廠各個部門的經理，其中一位老員工現在負責著業務部門的營運，另一位員工則成了賽車手，贏得了很多獎項，並且駕駛著福特牌汽車打破了許多速度紀錄。威爾斯則成為整個工廠的營運主管。

「庫森斯，我要對你說，你與我現在成為了這間公司的領袖。我們一起做了很多重要的事情。但是如果沒有這些員工的幫忙與協助，我們是絕對不可能走到今天這一步的。」福特最後說。

「現在，除了滿足公司正常運轉的金錢之外，我們還剩下一些錢，我們應該將這些錢分給這些員工 —— 我們現在就這樣做吧。」

「我贊同你的想法。」庫森斯高興地說，然後伸手拿出一張紙。他們兩個人坐在辦公室裡認真地計算了一個小時。他們首先是從自己還熟識的人開始計算，還有那些在公司創辦初期曾幫助過他們的員工，還有一些因為做過一些特別的事情而贏得他們注意的人，以及那些在工廠裡有過良好工作紀錄以及銷售紀錄的人。但是，他們卻很難對這些人的貢獻多少來分一個高下。

「畢竟，每一個為我工作的人都是在幫我們。」福特最後說。

「讓我們給他們每個人一個聖誕節禮物吧！」庫森斯表示同意。「我們可以讓人事部門去做這些事情。從那些跟隨我們時間最久的員工，直到那些剛剛過來工作的新工人，他們人人都有份。你覺得怎麼樣？」

福特充滿熱情地表示同意，於是這件事就這樣被定下來了。在那一年，福特公司的每一名員工都在十二月的薪水裡得到了一份額外的獎賞。福特在他的商業生涯裡已經達到了一個新的高度，那就是他必須要停下來認真思考如何去處理他的工作與事業所帶給他的巨大財富。向員工們發放額外的獎勵，這只是這項工作的第一步而已。

在過去的二十年裡，福特將自己的全部精力、時間以及思想都投入到一件事情上——他的工作。如果他的興趣已經發生了改變，允許自己轉而追求娛樂、休閒、更好的衣服、更多人的仰慕等東西，以致會影響與消磨當年他在那間舊房子工作時的心志，那麼他永遠都無法製造出屬於自己的汽車。要是他將個人的娛樂與別人的認同看的比自己的理想還要重要，那麼他肯定會接受別人的建議，改變自己的初衷，在拿到了第一筆製造汽車的資金之後，很快就被世人所遺忘。但是，在他離開農場的那一天開始，他就把實現自己的機械夢想看得比一切事情都更加重要。

他首先將自己的思想運用到引擎上，接著就是創辦工廠。他克服了難以計數的困難，最終讓這個理想變成了現實。他打破了過去人們對機械的既有陳舊看法，提升了工廠的管理效率。他打造出了一個在商業上非常成功的企業。

現在，他發現自己面臨著一個全新的問題，那就是如何處理自己手中累積起來的財富。

第二十四章：
「符合最多人的利益」

福特公司在聖誕節給予每一位員工額外的獎賞所得到的正面回饋，充分證明了福特的那個「友善待人最終會得到回報」的理念。在接下來的一個月裡，福特公司的汽車產量打破了前幾年一月分產量的同期紀錄。公司的銷售人員對公司產生了一種全新的忠誠感，這樣的忠誠感讓他們更加努力地投入到工作當中，以更大的熱情去推銷汽車，而訂單的數量也是越來越多。

與汽車工業協會的官司還在法院與報紙上如火如荼地展開著，但是福特公司運轉的速度要比之前任何時候都要更加迅速。福特公司製造的越來越多的汽車投入到市場當中，越來越多的消費者開始購買福特牌汽車。在這一年裡，福特公司製造與銷售了一萬六百零七輛汽車。福特之前表示自己的公司會在一年內製造一萬輛汽車的承諾實現了。

福特汽車公司生產與銷售業績的奇蹟性成長此時才剛剛開始。福特的個人財富不斷地翻倍 —— 美國又出現了一位白手起家的百萬富翁。

福特本人認為，任何人只要自身願意付出努力以及為獲得成功而必須的代價，那麼他們都能在商業上取得成功。

「貧窮是絕對不會讓一個人停滯不前的，」福特現在說，「金錢其實也算不上什麼 —— 金錢在本質上是毫無價值的。任何一個擁有好想法的年輕人要是能夠認真努力地工作，都能夠取得成功。在這個過程中，金錢會自然集中到他們的手上。我所說的好想法是指什麼呢？我所說的好想法就是一個能夠符合每個人最佳利益的想法 —— 這個想法能讓全世界的人們都受益。這樣的想法正是這個世界所急需的。」

美國數百位偉大的人物的人生經歷已經證明了這句話是對的 —— 這些人也曾白手起家，建立鐵路、電話、電報系統、重要的商業機構等。這些人將工作看得比個人的娛樂休閒更加重要。他們願意將全部精力都投入到工作當中，甚至用看似殘忍的方式不斷地逼迫著自己去努力工作，將自身全部的能量與精力都釋放出來，因此最終取得了成功。

對於這些所謂的成功人士以及我們的國家來說，這個過程中出現的悲劇就是很多人在贏得這場人生比賽的勝利之後，都會迷失了自己原本所堅持的理念。這些人不再專注於他們所研究出來的機械，他們所累積下來的金錢對他們來說開始變得重要起來，他們所關注的不再只是工作本身。當他們擁有了數百萬的財富，他們依然將工人的薪水壓得很低，總是想盡一切辦法去獲得更多的利潤，用過去那種老套的方式去營運企業。

這些企業之所以能夠成立並且得到發展，其根本的原因是因為「這些企業的出現符合最大多數人的根本利益」，但經過一段時間之後，這些人會無法再看到這個事實。要是有人提出一個符合最大多數人利益的專案，那麼他們就會驚恐地說：「這會妨礙到公司的進一步發展。」

福特始終堅持著自己的理念。他之所以這樣做，部分原因是他之前在農場生活了好多年，他與其他的工人肩並肩地工作，學到了眾人平等這一重要原則。部分原因則是他的絕大多數工作都是在機械方面的，而並非管理方面。但更為重要的原因卻是，他是一個單純與直率的人，福特公司不斷擴展的規模並沒有讓他忘記自己的初衷。

他一開始將自己的標準化工業生產理念運用到引擎製造上去，接著就是建立工廠。之後，他將這樣的理念納入到社會層面上去踐行。

「我們在聖誕節派發的額外福利，要比我們之前花費的任何一筆錢都要得到更好的回報。」福特咧嘴笑著對庫森斯說，「首先，我們知道人們會有一種回報更多的天性。看看我們員工的表現就可以知道。他將員工寫來的幾十感謝封信放在庫森斯的辦公桌上。

「他們都非常喜歡我們這樣的做法。」福特冷靜地說，「其中一些員工還表示自己原本非常擔心聖誕節會出現的過高開銷呢。我們發給他們的支票讓他們沒有了這樣的後顧之憂。現在，他們會全身心地投入到工作當中去，以此來表達自己對公司的感激之情。我覺得，從長遠來看，任何有益於員工的事情都必然是有益於公司發展的。

在接下來的幾個月裡，福特一直在腦海裡思考著許多基於這個原則所衍生出來的許多問題。

福特公司的員工以及各地經銷商的數量現在已經突破一萬了。他們分布在世界的各個地方，從孟買到新斯科細亞[01] (Nova Scotia)，從瑞典、祕魯、百慕大群島、非洲、阿拉斯加、印度到世界的各個角落，這些工人都在幫助著福特公司。頭戴著穆斯林頭巾的黑人，穿著繡花袍子的中國人，以及說著各種語言的不同種族，雖然他們彼此生活的方式都是坐在底特律辦公室裡一臉安靜的福特所不能理解的，但是他們都是福特公司的一份子，幫助福特累積了數百萬美元的財富。

福特認真思考了這個問題 —— 如何讓福特汽車公司這一偉大的機器繼續良好地運轉下去。他了解機器，他知道機器當中最小的一個零件其實與最大的一個零件都是一樣重要的，每一個螺栓、螺帽對於整臺機器的正常運轉都是極為重要的。當福特思考著如何讓這個他發揮自身天才所製造出來的龐大機器長期健康運轉時，他漸漸想到了一點，那就是自己所累積下來的數百萬美元的財富其實正是這個企業的弱點所在。這數百萬美元的財富代表著巨大的能量。要是將這數百萬美元都投資出去，那麼機械才能繼續順利運轉下去，許多原本被荒廢的企業資源就能重新被有效利用起來。

「每個人都在幫我。」福特說，「如果我想要扮演好自己的角

[01] 新斯科細亞：加拿大東南部的一個省，由新斯科細亞半島和布雷頓角島組成。

色，那麼我必須要努力幫助所有人。」

一些全新的問題開始在他的心中縈繞：他該怎樣將自己的錢投入到公司的發展當中，從而使公司能夠以更加順暢高效的方式運轉，幫助到公司當中的每一個人，並且不會產生任何副作用呢？現在，這樣的問題已經是世界商業執行系統的一個部分了，在所有的社會裡，這都是一個基於金融與社會原則的重要問題。要想改變這樣的現狀，絕對不是一件容易的事情。

與此同時，福特還需要面臨眼前出現的一些現實問題。公司在皮格特大街的工廠已經遠遠無法滿足訂單的需求了，因此必須要建立一家新工廠。他在底特律北部購買了兩百七十六畝土地，然後開始建造現在這家工廠的規畫，這家工廠有幾幢龐大的建築物，整個房屋的建築面積超過四十七畝。

在建造這個規模龐大的工廠過程中，福特終於第一次有機會在不受資金短缺限制的情況下，將自己思索已久的思想灌輸到工廠的管理與組織架構上。比方說，在工廠的這一邊有一千八百名工人在迅速高效地工作著，整個工作過程中沒有任何的浪費，每一個工人的工作都是整個龐大「機器」的有機組成部分。每一個部分都必須要負責製造出福特牌汽車的一個組成部分。從材料到最終的成品汽車，每一個部分都需要做到迅速直接，就像是地心引力作用於每個人身上那樣，在組裝工廠裡完成所有的作用與效能。

但是，福特的全新思想也開始漸漸展現出來。他不僅想要追求工廠的效率，而且還要努力讓自己的員工在工作的過程中感受到幸福與快樂。

工廠的牆壁都是用平板玻璃製成的，因此工廠的每一個角落裡都是光線充足的，每個工廠都能夠隨時保持通風順暢。整個工廠會有五百名清潔員工在工作，這些員工專門負責打掃地板，擦拭窗戶，管理衛生。清潔人員每週都會用熱水與鹼性物質去清洗地板。公司常年僱傭二十五名員工負責搞好牆壁與天花板的衛生情況，從而保持工廠始終乾淨衛生。

這一年冬天的聖誕節假期，每一位員工又再次得到了額外的支票。擁有了數百萬美元的福特，正在努力制定出一個真正的企業發展與福利提升計畫。在這之前，他就採用這種臨時的方法來將自己的財富與員工共享。

在接下來的一年裡，公司搬到了全新的總部。在光線充足與舒適的工作環境下，每一位員工都要比之前更加努力。在這一年內，工廠製造出的汽車總量竟然高達 38,528 輛，這又打破了之前福特汽車公司所保持的生產紀錄。

「汽車製造產業還在等待著亨利．福特那邊傳來另一個激動人心的消息。」當時的一份商業期刊這樣寫道，「無論福特是否還有什麼重要的消息要宣布，他都已經成為底特律汽車製造產業當中的焦點話題人物，甚至在世界的其他地方，人們也都時常談論著福特及其光輝事蹟。」

亨利．福特正在準備醞釀下一個足以讓舉世震驚的消息。他一開始製造出的汽車就已經震驚了世界，接著就建立了持續吸引世界目光的福特汽車工廠。現在，他正在思考著一個影響更為深遠、讓全世界為之嘆為觀止的經濟問題。

第二十五章：

日薪最低 5 美元

在福特創辦汽車製造工廠的最初幾年裡，與塞爾登專利之間所進行的曠日持久的官司依舊在持續。最後，這個官司在延續了幾年後終於塵埃落定了。福特取得了最終的勝利。整個汽車產業都擺脫了這種壓迫性的專利租用費用，福特長時間以來始終都在堅持的抗爭也終於有了一個圓滿的結果。

當然，其他的汽車製造商在降低了成本之後，也很快開始生產廉價的汽車。其他的製造商正在以緩慢的腳步追逐著福特前進的步伐，他們開始降低汽車的價格，讓很多收入中等的人都有可能購買汽車。這是福特第一次面臨著競爭對手所帶來的價格層面的激烈競爭。現在的福特還面臨著許多急待處理的問題，從他早上來到辦公室開始，一直到晚上最後一名工人離開，他辦公室裡的燈一直都是亮著的。很多商人、金融家、銷售人員、律師與設計者都會進入他的辦公室，與他討論事情。每天，福特都要花費兩個小時與工廠的主管以及領班進行交流。工廠的每一個運轉的細節都在他的監督之下。要是一個缺乏能力或是精力的人，肯定會被這麼龐大的工作量給嚇到。

福特按照自己設計的非常簡單的方法解決了每一個問題。「做對任何人有益的事情，這最終都會符合我們的根本利益。」這句話始終是福特堅信的理念。

此時，福特始終思考著更好利用自己所累積下來的數百萬美元的問題。每年，他的汽車價格都在不斷降低，這符合他一開始就要製造廉價汽車的理念。在這種情況下，福特的汽車銷售量依然在不斷攀升。雖然他在每一輛車上所賺到的利潤非常少，但是薄利多銷的經營理念還是讓他累積下了一筆巨大的財富。

「如今整個汽車商業模式的經營模式都是錯誤的。」福特說，「人們對金錢都有著一種錯誤的想法。他們認為金錢本身就是具有價值的。他們想要盡可能擁有更多的金錢，他們製造出這樣一個經營模式，讓一些人能夠擁有很多金錢，而其他人則無法得到足夠的金錢。只要這樣的商業模式還在持續，那就永遠都沒有解決問題的好辦法。但是我下定決心要改變這樣的現狀。」

「金錢是有價值的嗎？我要告訴你，金子是這個世界上最沒有價值的金屬。愛迪生曾說，金子是最沒有用處的金屬，因為金子過分柔軟的特性使之無法被做成任何一種有用的東西。假設這個世界上只剩下一塊麵包，難道擁有這個地球上所有金錢的人能夠從這個擁有麵包的人手上買到這塊麵包嗎？金錢本身沒有任何使用價值，只有當金錢成為一種媒介的時候，它才是具有價值的，只有當金錢成為處理事情的一種手段的時候，它才是具有價值的。當一個人擁有足夠的金錢去購買能夠滿足自身真正需求的東西之後，那麼多出來的錢其實是多餘的。這些金錢只能代表被儲藏起來的能量，不被使用的金錢是無用的，也是對任何人都沒有好處的。

「任何一點被浪費掉的能量都會損害到整個世界，這最終也會對浪費能量的人以及每個人帶來傷害。你可以認真觀察一臺能夠做出有價值工作的機器，要是這臺機器在運轉過程中不斷地浪費能量，難道這臺機器在運轉到一半的時候就不會出現嚴重損害自身的情況嗎？難道這些被浪費掉的能量不會對整臺機器產生不良的影響嗎？而這正是這個世界眼下進行運轉的方式。整個系統都處於一種錯誤的狀態之中。」

要是我們稍微能夠對此進行一番深思的話，就會得出這樣的結論。尤其是那些透過其他人來賺取多餘財富的思想者對此進行思考的話，那麼他的感受會更深一些。但是，福特始終堅持自己的這種思想，正如少數一些擁有數百萬美元的人所思考的那樣。更為重要的是，福特並沒讓自己的思緒單純停留在思考層面上，而是將自己的這些想法付諸行動。

福特並不是一個急於要做出行動的人。在他製造出引擎之前，他會在紙上畫出圖紙。在他將自己的金錢以福利的形式分發出去的時候，他從工廠裡挑選了兩百名員工，然後派他們了解工廠裡其他數千名員工的生活狀況。這兩百名員工認真調查了一年時間，福特在年底認真審查了他們遞交上來的報告，清楚地知道了自己那些多餘的金錢應該具體用在何處。

在福特工廠僱傭的一萬八千名員工當中，有四千名員工都生活在極端的貧窮的狀況當中，他們家庭的居住條件都是差得難以用語言去表達的。很多家庭成員都住在極度擁擠的房屋裡，房屋的地板有時甚至會浸泡在水中。很多員工的妻子在生病後都沒有人照顧，很多剛出生的嬰兒都穿著破爛的衣服。在他僱傭的員工當中，只有五千名員工的生活狀況是可以稱得上是「一般」的，只有三百六十四名員工擁有屬於自己的寬敞房子。

但是，在福特工廠裡工作的員工的薪水還要比其他工廠的員工高一些。他們都能夠按時得到薪水，而且不需要強制加班，他們在工廠裡的工作環境也是比較整潔與愉悅的。

在這些冷漠的數據背後，福特看到的只是自己擁有的數百萬美元所帶來的各種能量的浪費，最終造成了那些可怕的結果。

他立即認真仔細地研究了這些事情，發現工人們的生活狀況會隨著薪水的不斷增加而得到緩慢的提升，知道了那些生活條件最差的員工基本上都是來自國外的人，這些員工沒有接受過什麼教育，工作也不是很熟練。其中大多數人都尚且不會說英文。福特認真地計算與思考，開始得出自己的結論。

他一直在研究德國所實行的社會救濟計畫、工廠管理的方法以及各式各樣的福利政策。當福特結束思考與研究這些報告之後，他全身心地投入到未來的規畫當中，並且宣布了自己的具體實施計畫。

「每一個為我工作的人都將能夠獲得足夠的薪水去過上舒適

的生活。」福特說，「如果一個有能力的人不能賺到這麼多錢，那麼他要麼是自身懶惰，要麼就是缺乏知識。如果他為人懶惰，那麼他可能就是生病了。我們需要建一座醫院去救治他。如果他是缺乏知識，那麼他就需要好好地學習，我們會為此建立一所學校。與此同時，我們會讓財務部門詳細地計算利潤分享計畫，確保每個人一天的薪水不低於 5 美元。那些薪水最低的人應該從這樣的利潤分享計畫中得到最大的好處，因為這些人是最需要這些錢的。」

1914 年 1 月 12 日，福特公布了這項讓自己感到心滿意足的計畫，這個計畫無疑是向全世界的整個工業界投下了一枚重磅炸彈。

「福特汽車工廠的每名員工一天的最低薪水是 5 美元。」

「福特肯定是瘋了！」其他的汽車製造商都驚駭地說，「什麼？那些整天穿著髒兮兮衣服，並缺乏知識的外國工人一天裡應當賺到的薪水應該不足這個錢數的一半！無論哪個企業家都無法以那樣的方式去長期經營。」

「福特的計畫一定會影響整個產業的發展。他到底想要做什麼呢？」當底特律的每一家工廠的員工都為此躁動不安的時候，他們這樣驚駭地提出疑問。

福特工廠的福利計畫迅速傳播到了全國各地。各地的很多工人都放下了手中的工具，匆忙地趕到了福特的工廠。因為一天 5 美元的薪水對他們來說實在是誘惑力太大了。

在福特宣布這個計畫的第二天早上，他回到了工廠。他發現伍德沃德大街上站滿了許多想要到福特工廠上班的人。一個小時之後，人群越來越多，他們都在工廠的大門外面等待著，之後連附近的街道上都站滿了人，他們都在彼此推搡，想要更加靠近福特工廠的大門。

此時開啟工廠的大門是不安全的。這麼一大群人不斷從背後推搡著，很可能會對工廠的設備造成損害。人事部門的經理開啟了一扇窗戶，大聲對似乎發了瘋的人群說，工廠現在不招人。但是他的聲音立即被人群所發出的巨大聲音所淹沒。這位經理急忙關緊窗戶，馬上報警，懇求警察能夠過來維持秩序。

此時在外等候的人的數量正在不斷增加，他們都想要在福特的工廠裡得到一份工作，從而過上舒適的生活。福特從辦公室的窗戶上往下看到了這一幕。

「難道你就不能讓這些人知道我們現在不招人嗎？」福特質問人事部門經理。此時的人事部門經理頭髮蓬亂，喘著粗氣，大聲地喊著，以便能夠讓福特聽到自己的回應。接著，福特搖了搖頭。

「警察很快就過來了。」經理說。

「如果警察過來的話，一定會造成一些人受傷的。」福特說，「我們不能讓這樣的事情發生。快點叫人開啟消防栓，用水流將人群趕走。這不會造成什麼明顯的傷害。」

很快，一個直徑為兩英寸的水管從福特工廠的大門口向外面的人群噴灑出高壓水柱，這讓那些原本正在不斷推搡中的人們一下子都跌倒在了地面上，讓他們不得不向後退。最後，這些人都喘著粗氣，一臉驚恐，渾身都溼透了。隨後，他們四散而去。過了一會兒，消防栓噴射出來的高壓水轉向那些聚集在一片空地上，依舊不肯離去的人們。當警察趕來的時候，所有的人群已經四散離去了。警察在沒有使用警棍的情況下，就輕易地維持了秩序。

在接下來的一個星期裡，一隊警察專門負責守衛福特工廠，以便維持治安，將那些沮喪的人都趕走，這些人都因為無法在福特工廠得到能讓他們過上舒適生活的薪水而感到無比失望。

這件事極為形象地說明了，要是金錢只是被少數人所掌握且被閒置的話，那麼這造成的能量損失足以讓整臺機器出現損害。

第二十六章：

得到回報

「當我看到僅僅是在底特律這一座城市，就有數千人像是發了瘋的野獸那樣想要獲得優厚的薪水時，這讓我明白了一點，那就是我們的商業運作模式出現了巨大的經濟浪費。」福特說，「這些人群中的每個成員都想要有一份工作 —— 如果這些人已找到了一份工作 —— 但是這份工作並沒有讓他有機會去將工作做到最好，只是因為這份工作沒有讓他得到足夠的薪水，從而讓他過上健康快樂的生活。」

「我下定決心要執行我的計畫與經營理念，向那些經營著大公司的管理層證明我的計畫是能夠得到回報的。我想讓那些老闆們知道，當他們的每一位員工都能得到讓他們過上舒適與快樂生活的薪水時，那麼這對每個人來說都將會是一件好事。我想要證明一點，那就是只想著從別人身上得到好處，而自己不願意付出相應的代價的話，這最終會損害到我們自己的根本利益。」

福特停頓了一會兒，然後緩緩地露出了微笑。

「我想我能夠以實際行動來證明這一點。」福特說。

在他宣布的計畫在工廠裡實行了六個星期之後，他們對1914年1月的產量與1913年1月產量進行了對比。在1913年，有一萬六千名員工每天工作十個小時，最終製造並銷售出一萬六千輛汽車。在全新的計畫與經營方式下，有一萬五千八百名員工每天工作八個小時，卻製造並銷售了兩萬六千輛汽車。

此時，福特再次證明了那些無形的，被認為是「完全不實際」的東西所具有的價值 —— 這是一種友善待人以及良好規畫所代表的偉大精神。

在福特宣布這項利潤分享的計畫所帶來的震撼感漸漸消退之後，很多人都對此抱有懷疑的態度。「哼，福特那樣做只是為了宣傳自己的企業，達到炒作的目的，而去做了虛假的廣告而已。」「他當時就知道實行這個計畫最終會讓他賺到更多的錢，他絕對不是一個慈善家，而是一個撒了彌天大謊的騙子。」諸如此類的言論林林總總，不一而足。

福特希望自己的這個全新計畫都能被世人所了解與接受。他希望世界各地的僱主都能夠了解他都為員工們做了些什麼，了解他所做的方式以及這樣做所產生的效果。他始終希望自己的工廠能夠經營得更好，製造出更多的汽車。要是這些情況都沒有出現的話，那麼他的計畫無疑就是失敗的。

「去做那些對每個人都有好處的事情，這最終也會對你有好處的。」這就是福特始終相信的信條。他希望證明這一事實，讓所有人都能夠信服。

福特並不是一位慈善家，這句話其實說得也沒有錯。福特頭腦冷靜且是一名實用主義者，他在發明機械、建立工廠以及打造這個龐大的商業帝國等事務中取得了成功。他對世界做出的貢獻都是實實在在的。他所傳遞出的資訊也是極為實用的。

「整個世界就像是一臺機器 —— 機器的每一個部分都是至關重要的，沒有主次之分。我們都應該努力地工作，而不應該彼此對抗。任何有益於機器整體或是部分的工作，都會最終對機器的每一個部分產生積極的影響。」

「或者，我們可以將整個世界看成是一個人體。身體一部分器官的健康取決於其他部分器官的影響。當一小部分細胞聚集起來，然後按照自身的意願不斷生長，絲毫不在意其他細胞的情況，就是人體患上癌症的本質。最後，這樣的疾病會讓人整個身體機能出現衰竭，最終走向死亡，癌細胞也會和人體同歸於盡。我們該怎麼讓這些自私且不受限制的細胞離開身體呢？

「我要告訴你們，那種想要超過別人，想要從別人那裡奪走不屬於自己東西的自私心理，才是一個人所遵循的最糟糕的行為法則。任何一個人之所以能夠取得成功，就是因為他所做的工作能夠幫助到其他人，不管他自身是否意識到了這一點。他給予別人的幫助越多，別人就能取得越大的成功，而他也能從別人的成功中得到自己的成功。」

福特將這個利潤分享計畫付諸實踐的工作，並不是在支票上寫上一個金額那樣簡單的事情。他不僅希望能夠對其他的僱主有所影響，而且還要教育自己的員工。他們必須要學會如何以恰當的方式去使用金錢，只有這樣，金錢才不會對他們自身造成傷害，或是成為對社會的一大危害。

另一方面，福特並不認同國外的工廠管理制度。他並不是說要讓自己手下的每一名員工都擁有一座小別墅，前院有一座小花園，後院有一個洗衣店，然後對他們說：「看看這些花朵就好了，千萬不要採摘，這會影響整個風景；看看這些草地就好了，但千萬不要去修剪，我已經專門請了專門的割草工人來做。」

福特是希望不要對員工的自由施加什麼限制。他相信每一個人要是能夠得到恰當的機會，都能夠成為一個善良與勤奮的公民，能夠過上節儉的生活，懂得去幫助別人。他希望自己的計畫也能夠切實證明這樣的理論。

當時還有人散布謠言說，福特的這項利潤分享計畫是有「附帶條件」的，但事實絕非如此。福特工廠的每一位員工不需要強制去做什麼事情才有資格獲得這樣的額外薪水。他們不需要擁有一座屬於自己的房子，不需要開設一個銀行帳戶，甚至是對他們工作標準進行評比之類的硬性要求也不存在。認真對待工作以及節儉的生活方式才是唯一的要求。福特的公司準備幫助所有能夠達到這個標準的員工。

福特遇到的第一個障礙就是百分之五十五的員工都還不會說英語。調查人員在拜訪這些員工所居住的簡陋房屋時，都不得不有翻譯人員陪同。福特建造了一所學校，讓這些員工能夠在這裡專心學習英語，最後得到的回饋是讓人感動的。超過一千名員工立即申請報名就學。當這個計畫在工廠裡進行討論的時候，大約有兩百多名美國員工表示願意無償在這所學校裡擔任教學工作。可以說，這種友愛互助的精神在福特的企業裡已經遍地開花了。之前那些領取薪水的教師被解僱了，現在這兩百多名教師利用自己的業餘時間幫助自己的同事去學習英語。

沒多久，新聞就開始大量報導福特的這一革命性理論所產生的積極效果。一天晚上，一個人敲響了人事部門經理的家門。

「你能給我一個工作嗎？」此人問道。

「為什麼？我都不知道你是誰？」經理回答說。

「我是底特律最糟糕的人。」此人用挑釁的口氣說，「我今年五十四歲了，在傑克森監獄裡蹲了三十二年的牢。我是一位很壞的人，每個人都知道這一點。我找不到工作。唯一能夠真心待我的人就是我的妻子，但我不想讓她每天靠幫別人洗衣服來養活我。如果你能給我一份工作的話，這當然很好。如果你不給我工作的機會，那麼我寧願在傑克森監獄裡蹲到死為止——我還想殺一個人，我殺完他之後就會去自首。」

眼前的這個人讓這位經理感到有點困惑與畏懼，於是他請此人進入自己的屋裡，與他聊了一會兒，然後給福特打了電話。

「可以啊。給他一個工作的機會吧。」福特的聲音從電話的那端傳過來。「他是一個男人，對吧？他就有權利與其他人享有相同的工作機會。」

這位慣犯在福特的工廠裡得到了一個工作職位。在接下來的幾個月裡，他的工作表現都很糟糕。領班向經理彙報了這一情況。經理寫了一封信，告知他要打起精神，表示如果他能夠對自己的工作充滿興趣，並且做到最好的話，那麼他能夠做好很多事情。

第二天早上，此人帶著自己的妻子來到辦公室，他一臉憔悴，甚至很難說出完整的話來。「除了我妻子為我做的事情之外，你的那一封信是我收到的最好禮物。」他說，「我想要留在這裡。我將會在自己的能力範圍之內做到最好。我一定會盡心盡力地工作。希望你能告知我如何才能將工作做好。」

幾個月後，他來到了辦公室，從口袋裡取出一小卷鈔票。

「你看，」他說，雙腳不斷不安地挪動著，用手指轉動著放在手裡的帽子。「我希望你能告訴我如何到銀行開一個帳戶，然後存好這筆錢。我該存在什麼銀行呢？我知道怎樣去那裡取錢，但是我需要別人給我一些指點，才能將錢存進去。」

今天，此人已經用分期付款的方式購買了一間屬於自己的房子。可以說，他已經成為底特律這座城市裡最好的工人之一，成為一個善良而穩重的人。

此人當初冒昧的來訪以及他後來的巨大轉變，讓福特制定了每當發現刑滿釋放的人之後，都可以予以招募的政策。將近一千名刑滿釋放人員得以獲得工作機會，其中很多人都是處於假釋狀態，他們今天都在福特的工廠裡工作。福特認為這些人是他最好的員工。

「如果政策不能進入到一個社區，並且讓每個人 —— 包括年輕人、老人、好人、壞人、生病或是健康的人 —— 都參與進來，讓他們能夠感受到快樂，過上更有價值以及更加富足的生活的話，那麼這樣的政策就算不上是好政策。」福特說，「每一個活著的人都是這臺龐大機器的一部分，我們不能對這個機器的每個部分人為地進行界限的區分。每一個部分都是極為重要的。當你只專注於做好某部分零件的時候，是很難讓這臺機器整體正常運轉的。」

基於這樣的信念，福特在他的行政大樓裡創辦了一個獨特的勞工清潔部門，這個部門的設定幾乎讓工廠內的任何員工都不會失去自己的工作。

第二十七章：
工作的重要性

在宣布利潤分享計畫的那一週發生在工廠門外的萬頭攢動的景象，深深印刻在福特的心靈當中，讓他感受到了工作的極端重要性。

「對一名工人來說，工作就是他的生命。」福特說，「任何人都沒有權利將另一個人趕回家，讓他的整個家庭都陷入到因失業而帶來的經濟危機。請認真思考一下工作對這個人的意義吧。當他晚上坐在晚餐桌前，看著自己的妻子與孩子，卻不知道自己該怎樣做才能養活自己的妻子兒女的那種無奈與痛苦的心情吧。」

「一個正常而健康的人都是想要去工作的。他必須要透過工作才能讓自己過上正常的生活。任何人都不應該剝奪他工作的權利。在我的工廠裡，只要一個人還想繼續工作，那麼他就能繼續擁有自己的工作。」

福特這樣的想法是不實際的嗎？這樣的想法看上去是沒有什麼可行性的。什麼，讓那些懶惰、愚蠢、粗心、不誠實的員工繼續做下去，並且在一家僱傭了超過一萬八千名員工的大企業裡，每天繼續給這些人發薪水？可以肯定的是，人類之間的兄弟情義的理想瀕臨結束，而冷酷無情的商業法則開始發揮作用的時候，那麼福特的這種理念肯定會被認為是錯誤的。

但是，福特卻始終堅持自己內心的想法，想要顧及每一位員工的利益。他宣布自己必然會繼續堅持這樣的政策。作為他全新經營計畫的一部分，他會盡快設立勞工清潔辦公室，作為整個人事部門的一部分。

現在，當領班想要解僱一名員工的時候，那麼這名員工不會就此離開福特的工廠。他會從領班那裡得到一張請假單，轉而進入到勞工清潔部門進行工作。他會在這裡接受詢問，他到底犯了什麼錯誤，他是不是生病了？他不喜歡自己的工作嗎？他真正的興趣是什麼呢？

最後，他會被調到真正讓他感興趣以及他的能力足以匹配的部門去工作。如果他在那個新部門的表現依舊不是很理想，那麼他會再次回到勞工清潔部門。他會在此再次接受詢問，他還有一個去其他部門工作的機會。與此同時，人事部門經理也會積極了解這位員工所遭遇的問題，關心他的健康情況、家庭生活狀況、他的朋友對他的影響等。這樣的安排可以讓員工感受到公司管理層在關心他，希望能夠幫助他過上正確而幸福的生活。

也許，這名員工只是生病了。如果被確認是這樣，他就會被送到工廠裡的醫院裡，接受醫學方面的治療，直到他的身體完全恢復過來，能夠重新展開工作為止。

當福特公司的醫院建立起來之後，他們發現了超過兩百名員工都患有不同程度的肺結核疾病。這些患病的員工提出了一個特殊的要求：其中絕大多數人都還有繼續工作的能力，而且他們都必須要透過工作去養活自己的家人。但是，如果他們的病情一直被忽視的話，那麼這不僅會讓他們死亡，而且還會將疾病傳染給工廠的其他員工。

在這之前，所有的企業都從未想過要為員工解決這類問題。工廠那些無法繼續勝任工作的人都會被他們無情地予以解僱，因為他們認為這些偷懶的人必須換一份工作，不能再在這裡苟且怠惰。最後，這些被拋棄的員工就只能重新找工作，以便苦苦地支撐著自己的家庭。

福特創辦了「關懷部門」，這個部門就是專門為這些員工服務的。當醫生在福特工廠裡診斷出某位員工確實患上了肺結核，那麼這名員工就會立即被轉移到這個「關懷部門」當中，這裡的空氣都是經過過濾的，比較乾燥，而且還要經過加熱。從疾病治療的角度來看，這要比讓他們身處丹佛市那裡的高山之中更有助於他們恢復健康。患病的員工在這裡只需要處理一些比較輕鬆的工作，但是他們還是拿著之前那份工作所應得的薪水，直到他們最終痊癒，有能力回到之前的工作職位上。

「當一個人能夠繼續留在工作職位上，而不是丟掉自己的工作，這對每個人來說都是一件好事。」福特說，「我不是很在乎這些員工到底在工作上犯下了什麼錯誤，無論他們是不適合在自己所在的部門工作下去，還是因為自身的愚蠢、生病等原因，我覺得始終有一些方法可以讓他們去做一些有用的工作。

只要他能夠堅持工作，那麼這對他們個人、整個公司以及他們的家庭來說，都是一件非常有益的事情。

「但在當今的商業競爭世界裡，很多人所制定的一些制度都是在防止出現一張紙，甚至哪怕是一張郵票的浪費，卻讓他們的員工在肆意地浪費著自身的能量。沒錯，這類人會拍案而起，指責我只是一個多愁善感的傻瓜，說我在公司裡制定的這些關愛員工的制度是完全錯誤的。他們說我這樣的做法是無法得到回報的。好吧，讓他們過來看看福特工廠的帳簿吧，看看我是如何得到回報的 —— 如何讓每個人都能得到回報的吧！」

在福特的全新福利與關愛計畫在工廠裡執行了五個月之後，他派人對員工的福利情況進行了第二次調查。

有一千一百多名員工搬到了更好的房子裡，員工們的銀行帳戶存款增加了 205%。相比於之前而言，擁有自己房子的人數增加了兩倍。底特律這座城市有超過 200 萬美元的房產都是福特工廠的員工透過分期付款購買下來的。在一萬八千名工人裡面，只有一百四十名員工依然生活在「糟糕」的生活狀況下。

而在此階段中，福特汽車公司的產量卻增加了將近 20%。

就在這一年，福特公司在堅持員工每天工作八小時，並且將 1,000 萬美元的額外分紅獎勵將給工廠的每一位員工。與此同時，工廠這一年的汽車產量超過了十萬臺。在機械設備等物質條件與此前基本相同的情況下，這一產量已經打破了全世界的生產紀錄，並且出乎包括亨利·福特本人在內的所有人的意料。

這些看似冰冷的數據在向這個全面商業化的世界證明福特的這些「多愁善感的理論」所具有的真正的價值。福特所實施的政策不僅解決了勞工問題，而且還指示出了經營管理者所面對的很多問題的解決方法。

「資金與勞工之間的核心衝突其實就是僱主與工人們之間如何分配既得利益的衝突。」福特說，「其實，在一個企業裡面，不應該存在什麼僱主與工人的區別 —— 因為他們都是屬於廣義上的工人。他們是同一臺機器上的兩個有機組成部分而已。要是讓一臺機器的某一部分帶給另一個部分不良的影響，這一定是無比荒謬的。」

「我在工廠裡的工作就是要設計出全新的汽車，讓各個部門能夠和諧地運作。我其實也是一名工人。我從未想過要忽視一臺機器當中任何一個微小的部分。要是我忽視了其中的某些部分，那麼這個工廠又怎麼可能正常地運轉呢？

「勞工與資本之間存在著很多問題。當然，解決的方法並不是一方透過剝削壓榨另一方而得來的。不是的，這不是真正的解決方法，這會帶給雙方毀滅性的結果。這意味著在這之後，另一方會想辦法重新占據上風，那麼這兩方就會始終處於衝突的狀態，產生許多不必要的矛盾，最終讓整個工廠無法處於一種和諧而平穩發展的狀態。

「唯一的解決方法就是彼此合作。要是僅僅滿足員工提出的要求，這是不可能實現的。這也不可能單純透過資本的優勢來實現。這要求雙方都必須要意識到彼此關切的利益，才能更好地合作。」

「在我看來，這是解決世界上所有問題的唯一方法。我希望所有人都能意識到他們都應該團結起來，就像是一臺機器的所有部分那樣緊密團結合作。我希望他們能夠明白一點，那就是做出一個損害某個群體的事情，最終必然會損害所有人的利益。」

因此，在工作了三十七年之後，亨利．福特在自己五十二歲的時候坐在辦公室，看著這個僱傭了將近兩萬人的工廠，其中的每一名員工都能夠高效快樂地工作，既是在為他工作，也是為他們自己工作。他們能夠得到良好的待遇，對自己的工作感到心滿意足。福特想到了遍布在世界各地的經銷商們，這些人都是乘坐著他所製造的汽車在大街上往來穿梭。

在他的一生中，他都在努力對「現實主義的商業判斷」做出反擊——他離開了農場，獨自一人設計製造引擎，遠離了那些不允許他製造廉價汽車的有錢人，在資金不足的情況下創辦了屬於自己的工廠，開創了自己的偉大事業，建立了這樣一個受到無數人詰責的利潤分享計畫——這一切都是與之前約定俗成的商業規則背道而馳的。

他從一開始就踐行這樣一個最基本的原則「去做對大多數人有益的事情。」他的汽車、他的工廠、他的工人、他的六千萬美金資產，這些都強而有力地回應了這樣的反對聲音：「我知道這些在理論上是正確的，但卻是絕對不切實際的。」

在 1914 年的那個陽光明媚的夏天，福特思考著這些事情。他覺得自己只剩下一件需要去做的事情，就此生無憾了。

第二十八章：

一個偉大的教育機構

在福特五十二歲生日的這一天，來自法國的一個商務代表團抵達了底特律，他們一行乘坐輪船跨越了整個大西洋，特地前來參觀福特的工廠。

他們考察了占地面積達到兩百七十六畝的製造工廠，這是當時世界上規模最為龐大的汽車製造工廠，福特工廠裡的工程師能夠使汽油引擎釋放出四萬五千匹馬力，還設計出能夠吊起四十噸重物體的龐大起重機，在一間極為寬敞的廠房裡，六千臺機器能夠同時運轉，使用了五十多英里長的生產線傳送帶，設定有九輛單軌列車，每輛列車能夠運送重達兩噸的貨物——總而言之，這座龐大的工廠重視每一個方面的細節。

接著，這個代表團考察了設在工廠內部的醫院及裡面的病房，他們發現整座工廠的光線都非常充足，通風系統每隔十分鐘就會換一次空氣，這裡還有各種節省勞動成本的裝置以及確保「安全第一」的防護裝置等。

最後，他們來到了亨利．福特的辦公室，很多隨團前來的法國製造商的筆記本上都記錄著許多數字以及相關資料。他們感謝福特給予自己的熱情招待，並且表示他們想要充分了解福特在公司裡所推行的各種規定。

「先生，我們聽說，」法方代表團的發言人很有禮貌地說，「你們公司在去年得到的訂單要超過你們的實際生產能力，這是事實嗎？」

「是的，你說的沒錯。」福特回答說，「但是，隨著今年生產能力的增強，我們相信很快足以解決產量不足的問題。」

「既然這樣，那麼你們在明年春季豈不是又要將每輛汽車的價格降低 50 美元？」

「是的，你說的完全正確。」福特回答說。

「但是，我們無法理解的是 —— 當你得到的訂單要超過你的生產能力的時候，你竟然還要降低每輛汽車的價格？這在我們看起來是非常奇怪的。為什麼像你這樣的製造商願意這樣做呢？」

「原因很簡單，」福特回答說，「我與我的家人已經擁有了終此一生都花不完的金錢。我們不再需要更多的金錢了。我覺得擁有一輛汽車對每個人來說都是一件好事。我想要不斷降低汽車的價格，讓美國的每一個人都有能力買得起一輛汽車。你們也知道，這就是我為自己的國家做出貢獻的方式。」

福特在回答過程中無意識地表達了自己這種全新的愛國主義精神 —— 他想要用自己的餘生都去實現這樣的理想。他說得很簡單，也許還有點笨拙的感覺，但是法國代表團的成員都對這位底特律的製造商充滿了敬意。他們回到法國之後，將福特的言論告知了全法國的人們，說這是他們在美國考察時所得到的最大收穫。

不過，福特之所以會產生這樣一種觀點，其實也是他人生發展過程中的一個自然結果。福特本人就是一個簡單的人，喜歡用簡單的目光去看待周圍的事情。此時的他已經成為美國社會當中的一位舉足輕重的人物。他已經達到了一個不再需要花時間去研究引擎，或是費心管理工廠事務等工作的階段了。現在的他擁有足夠的閒暇時間去考察他這個國家，以及研究這個國家所存在的種種問題，然後運用自己的思考去試圖解決這些問題。

福特認為整個美國其實就代表著一臺龐大的機器，當然這臺機器是由無數人作為其中的一個部分所共同組成的 —— 這臺機器應該高效、平穩與和諧地運轉，以便生產製造出更多的食物、房子、衣服以及滿足人們能夠簡單舒適生活的物質條件，同時這些物質還需要得到公平的分配。

在他看來，他的工作就是要製造與銷售更多的汽車。他想要用自己所知的最好方式去做到這一點，希望自己獲得成功的例子能夠為別人樹立一個好榜樣，讓更多人追隨仿效。福特希望這樣的榜樣效應能夠消除現在的商業制度所出現的各種浪費以及紛爭。

這就是他如今人生當中的唯一興趣。作為一個出生於農場的機械師，他在十六歲的時候就離開了學校，他接下來的人生一直與機械為伴，對那些實用性的東西充滿了興趣。他對任何不能給人們帶來實實在在幫助的器物與知識都沒有任何興趣。

藝術、音樂、繪畫、文學、建築以及奢侈的生活方式，或是追求精緻的生活，在他看來，這些都是毫無意義的。

「教育？來底特律看看吧，我將向你們展示世界上最大的學校。」福特說，「在這裡的每一個人都在認真學習，每時每刻都在努力謀求進步。他們意識到自己的利益與老闆的利益是完全一致的，老闆不過是他們的託管人而已，老闆在本質上也只是一個需要工作的工人而已，而他的工作與所有員工的工作是一樣的，都是為了讓整個工廠能夠獲得更好的發展。一些老闆可能會因為自己的想法而解僱一些員工，但是這樣的做法會影響整個工作環境。與此相類似，要是老闆想要從壓榨剝削員工的勞動中得到更多的好處，那麼員工也有權利解僱這樣的老闆。

「在我的工廠裡，每一名員工都明白這樣的道理。他們正在引領整個國家的工人群體。他們將向其他的工人展示一個真理，那就是只有去做符合絕大多數人利益的事情，才能夠最終讓自己獲益，這也是我希望向其他工廠的管理者所表明的觀點。這就是我們真正需要的教育。

「在今天這個時代裡，我們在產業之外接收的教育充斥著各種傳統及腐朽的觀念。這樣的教育理念簡直就是一個笑話，浪費了許多人寶貴的精力與時間。在我看來，當一座學校能夠教育一個人閱讀、寫字與計算，並且引導學生了解自己的興趣，培養他們去做這些事情的能力之後，那麼學校的功能也就此完結了。在這之後，這些人應該去追求自己感興趣的事情，憑藉自身的努力與奮鬥去實現自己的夢想，不懼任何困難，勇敢向前 —— 這才是學校真正的作用與意義。

「如果這些年輕人在大學裡讀的是化學專業，並且對化學這門學科充滿興趣，那麼他們就會像我當年那樣利用晚上的時間在那間簡陋的老房子裡認真研究。我並不是太看重那些高等教育以及世界上的藝術作品。」

此時的福特已經五十二歲了，是一個身材瘦高、有些輕微駝背的人，他的顴骨很高，顯得很消瘦，但是身體卻很結實，看上去有點幽默的嘴唇、灰色的頭髮。此時的福特掌握的財富超過了 6,000 萬美元，但是他依然每天習慣忙著辛勤的工作，並且非常喜歡這樣的生活狀態。他憑藉一個簡單的思想建立起規模如此龐大的企業，這個企業能夠按部就班地運轉，幾乎不需要什麼特意的監管。

他必須要將自己的能量用在其他地方上，他必須要將自己的金錢花在某些方面上，他的天性要求他必須要遵循主宰了自己一生的信念前進 —— 這是一種關於人性的信念與思考，這是一種讓絕大多數人獲益的思想。

這年夏天，福特首次感覺到自己有了空閒時間。此時的工廠已經不需要他整天忙碌了。他與克萊拉在格林菲德的老家度過了一段時間，他在原先農場的基礎上又購買了四千多畝土地，擴充了原先的農場規模。他花了一些時間研究在這片農場上進行生產布局的問題。他與克萊拉在他們剛結婚那幾年生活過的房子裡居住，這裡有古老的家具以及他們的老朋友，彷彿跟三十年前沒有什麼區別。

福特帶著一個廉價農場拖拉機的模型回到了底特律，他想要迅速製造與銷售這樣的拖拉機。他將設計的圖紙交給工程師們，然後要求他們利用機械去製造出一些拖拉機實物，並對它們的效能進行測試，並加以相應的改進。後來，這些拖拉機都被投入到了農場當中，節省了大量的勞動力。之後，福特公司再次對拖拉機進行大規模的生產線生產。福特就像之前生產民用汽車那樣，生產適用於農場的廉價拖拉機。

但是，福特意識到這些工作不應該占據自己全部的精力。他在無意識當中感覺到自己應該去做比工廠事務、管理事務更加重要的事情，讓他可以全身心地投入進去 —— 他可以運用自己的人生理念去做這些事情，一些更有意義的事情。

1914 年 8 月 4 日 [02]，一場帶給歐洲痛苦、毀滅與傷害，乃至給世界帶來恐慌的戰爭全面爆發了，這同時也帶給福特一個展開自己事業，完成人生理念的機會。

[02] 1914 年 8 月 4 日，德意志帝國入侵中立國比利時，英國隨後向德國宣戰，美國則聲稱保持中立，第一次世界大戰至此全面爆發。下一章所說的發生在歐洲的戰爭，也是指第一次世界大戰。

第二十九章：

發生在歐洲的戰爭

戰爭爆發了！這條新聞一下子讓全世界的人們都感到了揪心，讓他們的心臟彷彿停止了跳動。

曾有一段時間，世界上每個國家的商業結構都因為戰爭的爆發而顫慄發抖，之前每個國家耗費了數百年才建立起來的一切物質基礎，都面臨著遭受徹底毀滅的巨大威脅。

貪婪、無止境的自私、「每個人都只為自己，而去打擊別人」的做法，這些理念都是這些國家獲得商業、社會以及工業層面上成功的基礎。這些基礎最終也必然會引領我們走向戰爭。讓我們之前透過辛勤勞動所建立的這些基礎設施遭受徹底的毀滅。

奧地利、德國、法國、比利時、俄羅斯、英國、日本、土耳其以及義大利等國家紛紛加入到這場毀滅人性、空前慘烈的戰爭當中。之前幾個世紀所建造起來的一切美好事物，都被掩埋在廢墟當中。整個世界都在戰爭的陰影下瑟瑟發抖。

在美國，人們在閱讀有關戰爭報導的時候都覺得難以置信。我們臉色蒼白地對身邊的朋友們說，這是不可能發生的，這絕對是不可能發生的。在我們現在這個文明的時代，怎麼還會爆發這樣大規模的戰爭呢？

這是因為我們中絕大多數人都活在一個對事物僅有表面了解的情況之下，我們習慣了身邊的朋友，知道彼此之間是友善與和氣的，因此我們都沒有充分地了解我們的經濟以及工業基礎，因此才會有這樣樂觀的看法。

在冬天來臨的時候，會有成千上萬的人失去工作 —— 我們必須要努力讓他們能夠喝上一碗熱湯，有一個可以睡覺的地方。我們的街角聚集著許多衣衫襤褸的乞丐 —— 於是，我們就制定出了一條法律，可以將這些無家可歸的人逮捕起來，然後餵養他們幾天，接著就要求他們必須離開這個城鎮。這座城市到處都有想要犯罪的人，我們的警察又該怎麼做呢？我們必須要提出這樣的問題。我們只能再建一所監獄，豎立起另一個絞刑架。

我們就像是一位建築師，在看到建築物的牆壁上出現裂痕時，就會匆忙地用水泥將其補好，接著繼續往上修建房屋。

亨利·福特讀到了有關歐洲戰爭的新聞報導。他清楚這會讓所有具有價值的東西出現毫無目的、毫無意義的浪費。他彷彿看到了一臺機器在錯誤地運轉了幾百年之後，終於出現了機器每個零件都彼此不協調的狀況，突然之間就出現了嚴重的故障，最終讓這臺機器無法修理，瀕臨報廢。

從一個較大的層面去看待這場戰爭的話，這不過是發生在商業世界裡的各種災難的重複而已，這些都是他非常熟悉的。在他所在的汽車產業裡，不知有多少家公司在這個產業剛剛興盛的時候就建立起來了，但這些公司都懷著想要從每個人身上得到最大好處的理念去進行經營 —— 他們想要從工人、股東或是消費者身上得到最大的好處 —— 最後卻面臨著徹底破產的後果！只有那些基於公平交易信念的公司才能最終取得成功，並長期堅持發展下去。這些公司所取得的成功程度，與他們提供給別人的真正價值是成正比的。無論這樣的原則是否被那些從中得到好處的人所感知，但這是建立成功企業的一個基本原則。

「問題就在於很多人根本就沒有意識到這一點，」福特說，「要是一個人在完全出於自私動機的情況下去進入商業經營領域，那麼他就會只為自己而工作，想盡辦法去從別人身上得到好處。但是，只有他的這種自私心理能夠給別人帶來好處的時候，他才能取得成功。如果他非常清晰地意識到這一點，如果他耗費心思去幫助別人，那麼他就能做得更好。與此同時，他能夠讓自己取得更大程度的成功。

「但是，很多人並不是這樣做的。他們會變得越來越自私。當他們已經得到了很多金錢，成為真正具有能量的人之後，他們就會以自私的方式去運用自身的能量。他會認為正是自己的這種自私的行為方式才讓他取得了成功。但是，這樣的理念怎麼會在人們的腦海裡如此根深蒂固呢？在我的人生裡，每當我處於一種自私的心態去做一件事情的時候，這最終都會讓我自食其果，相比於給別人帶來的傷害，這會帶給我更大的傷害。但若是我想要去幫助別人的話，那麼這最終也會帶給我更大的好處。事情的發展本應該是這樣的。只要這臺機器還能正常運轉，那麼任何有助於其中一個部分的行為都是對整個機器有幫助的。」

「看看那些相互宣戰的國家吧！每一個想要造成敵人損害的國家其實都造成自己的國家更大的損害。他們的成功只能建立在這樣一個基礎之上，那就是彼此互助。英國的染料、工具以及玩具都是從德國進口的，而德國需要從俄羅斯進口小麥，而德國的水果以及橄欖油則需要從義大利進口。土耳其需要從英國進口船隻。這些國家本應該是相互幫助的。他們真正的利益應該是讓各自國家的國民能夠過上舒適幸福的生活 —— 這樣的目標符合所有這些參戰國家的利益。」

「要是讓每一個國家的人民認真去思考的話，那麼真正的德國人民是絕對不會與法國人民作戰的，也絕對不會與世界上任何其他的國家作戰的。同樣的道理，愛荷華州的人民難道會與密西根州的人民作戰嗎？難道他們作戰就是因為種族原因嗎？種族原因的存在並不足以讓他們將彼此看成是敵人，因為種族之間的矛盾都在慢慢地消退。看看當今美國的種族融合情況吧！我的工廠應徵的員工分別來自五十三個國家，他們說著一百多種不同的語言與口音，但是他們彼此之間都相處得非常好，沒有什麼尖銳的矛盾。他們意識到彼此的利益都是完全一致的。」

「既然是這樣，那麼造成所有這些問題的根源是什麼呢？所有人的真正根本利益都是相同的 —— 工作、食物、住所以及幸福。當他們共同努力去追求這些東西時，每個人都能夠過上富足美滿的生活。」

「既然這樣，人們還在為什麼而競爭呢？難道競爭能夠帶來更多的工作職位、更好的房子以及更多好吃的食物嗎？不是的。人們之所以競爭，是因為他們從小就被灌輸這樣的教育，即這是他們從別人手中得到那些美好東西的唯一方式。對一般人以及那些在競爭中損失最大的人來說，他們根本不知道自己到底為什麼要與別人競爭。他們之所以與別人進行這樣的競爭，就是因為別人告知他們說競爭是最好的方式。他們從競爭中得到了什麼東西嗎？噁心、恥辱、悲痛、傷口、死亡、毀滅、飢餓。戰爭是這個世界上最醜陋的一種資源浪費。」

在戰爭爆發的前幾個月裡，美國人民對此感到無比驚恐，都紛紛認同福特的這一觀點。當占據全世界一半的人口都在我們眼前不斷地進行廝殺，造成無數人傷亡的景象展現在我們的面前時，我們感到無比畏懼。我們要感謝上帝讓我們的國家依然處於理性的狀態當中。我們看到在這場瘋狂的殺戮之後，美國人所應該肩負起來的責任：幫助歐洲的各個國家包紮傷口，幫助歐洲各國今後處於一種永遠的和平狀態，讓地球上的所有人都能夠相互友愛，和睦相處。

隨著時間的推移，人們的看法開始出現改變。我們想要和平的環境。在我們這個擁有一億人口的龐大國家裡，是否存在著少數人，他們只是因為想參加戰爭而要去參加戰爭的呢？我們想要和平的環境 —— 但是 —— 我們已經開始提出這樣一個古老的問題「這到底實不實際呢」？全世界的人民都團結起來，透過幫助別人過上幸福而舒適的生活，從而實現全人類的共同發展 —— 這當然是一個充滿美好的理念，但這難道不是有點自欺欺人嗎？這難道不是有點過於理想化了嗎？難道不是好到讓人根本無法相信嗎？

「這就是一個戰爭肆虐的世界與時代。」我們說，「如果這場戰爭爆發在我們這個國家，我們該怎麼去做呢？讓我們開始為戰爭做好準備吧！讓我們評估一下戰爭對我們國家的影響吧。讓我們變得更加實際吧。」

亨利．福特看到了報紙上刊載的這些觀點，聆聽了大街上很多人的看法，知道他在工廠的經營管理得到的實際經驗已經逐漸被世人所拋棄了。他彷彿再次聽到了自己在之前的人生道路中聽到的這類反對聲音「這是一個好想法，但這只是存在著理論上行得通的可能性。這在現實中是完全行不通的，是根本無法奏效的。事情是絕對不會按照你所預想的那樣去發展的。」福特知道美國這個國家已經浪費了難以計數的人力資源，摧毀了許許多多人日常的生活，就是因為眼前這個「實際」的經濟制度依然每時每刻都在剝削著更多人的能量，一心想要追求更多的財富，最終造成了難以估量的浪費。

福特的人生有一條他最為珍視的原則，他也用自己勤奮的一生證明了這條原則。現在，他的這條原則存在著被世人所拋棄與遺忘的危險。

第三十章：

最好的準備

亨利．福特看到了自己為之奮鬥了一生的理念所具有的意義即將喪失，他決心為此投入到自己人生中最大的一場戰鬥當中。

他開始計算自己所掌握的資源。他創辦的這間規模龐大的工廠每天都在滿負荷地運轉，能夠大幅度提高農業生產效率以及讓數百萬農民的工作變得輕便的拖拉機也即將上市。前不久，他也剛剛向購買福特汽車的消費者公布了一項利潤分享計畫。在美國，大約有三萬多人在 1915 年會得到實實在在的價格補貼，從而踐行福特的「幫助別人其實就是幫助自己」的人生理念與經營理念。這些人將會與福特共同分享公司的利潤，這反過來又會讓福特賺到更多的金錢。

福特擁有許多資源，他的手中已經擁有了巨大的財富。他想要將這些財富投入到這場抗爭當中，因為金錢被無端地浪費帶給他深刻的印象。

「金錢本身是不具有任何價值的，」福特說，「我現在該怎樣處置這些金錢呢？我無法送給某個人足夠多的金錢，從而改變他的真正想法。在這個國家裡，唯一真正的資源就是人民的智慧。他們必須要有正確的思想，他們必須要知道建立起這個強盛、偉大國家的基本原則所在。」

「他們必須要堅守一些更加宏大且真實的原則，意識到 —— 或是他們以某種方式必須要意識到 —— 他們這樣的理念是符合現實的，認為這些理念是這個世界上最為實際的東西。」

「去做正確的事情符合每個人的利益。這不僅是在來生或是所謂精神層面上的，而是在當前這樣一個追求金錢的逐利時代裡，也同樣是如此。」

「讓我們都變得實用起來。假設我們真的為戰爭做準備吧，假設我們真的將年輕人的能量都投入到為戰爭做準備當中吧。我們的國家需要每一個人將全部的能量都投入到高效的工作當中，這樣的工作能夠讓我們生產出更多的食物、更多的衣服以及更好的房子。但是，如果我們讓這些真正釋放能量的方向轉移到了訓練他們去摧毀別人，而非創造美好事物的方向上呢？假設我們擁有了五十萬準備投入戰爭的年輕人呢？我們應該提供給他們怎樣的武器呢？

「我們應該發給他們每人一把槍嗎？這樣的武器是過時的。我們應該提供給他們化學武器，或是細菌武器，或是發明出某些破壞性更為強大的武器嗎？當我們加快研製這些武器的步伐時，其他的國家也會這樣做。

「我們應該將我們的民用工廠都轉變成生產軍火的工廠嗎？我們應該建造無敵戰艦嗎？潛艇有能力摧毀這些武器。那我們也應該同時建造潛艇嗎？其他國家會造出反潛護衛艦。我們也應該跟著建造反潛護衛艦嗎？其他國家會製造出軍用飛機投下炸彈將其炸毀，那麼我們必須要製造出比軍用飛機更具有殺傷力的武器。這只會讓我們漸漸地失去理智，耗費數以百萬計美元的資金，用於去超越其他可能會帶給我們威脅的國家。

「因為要是我們開始為戰爭做準備的話，那麼我們就絕對不能停下來。我在一些雜誌文章裡讀到過這樣一種觀點，那就是當我們的國家遭受入侵的時候，我們有沒有海軍、有沒有陸軍其實都是差不多的。但事實上，我們已經投入了數百萬軍費用於陸軍與海軍的建設。今後讓我們繼續投入更多的軍費，直到超過其他國家的軍費投入。只有這樣，我們國家有沒有海軍與陸軍都是不重要的。

「但是，還有很多人認為這樣做是『符合現實的』，也是符合常識的。

「我要告訴你們，一個國家真正強大的力量是這個國家國民的精神力量。這個世界唯一重要且實際的價值就是全世界人民的精神。幾百年前，地球上的野生動物能夠用爪子殺死任何人。但是，這樣的時代早已經過去了，我們最終存活下來了。因為人是有思想的動物，因為人能夠遵循著自己的思想去做一些有用的事情，比如生產食物、製造衣服以及建造住所等。

「一百多年前，一個人單獨在大街上走路的時候，他是不會有安全感的。任何一個女人要是沒有跟一個足夠強大，且有能力殺掉另一個騷擾她的人的男人在一起，她也是不會感到有安全感的。現在，我們已經完全改變了這樣的事實。我們又是如何去做到的？透過我們的武力嗎？不是的，因為我們很容易就能明白一個事實，那就是這個世界上還有比武力更有用、更強大的東西。我們已經知道，照顧我們所在社區裡的每個人的利益，其實最終都會讓我們自身獲益的。

「我們需要意識到一個關鍵的問題，那就是思考全世界人民的福祉其實對我們每個人來說是最好的選擇。如果我們在大街上遇到一個英國人，倘若他攻擊我們，我們也不會拔出手槍殺了他。因為我們知道他其實並不想殺死我們。

「我們知道全世界人民都不想參與戰爭。我們根本不想要什麼戰爭。只有極少數人想要看到戰爭的爆發 —— 這些人都是政客、統治者、商業寡頭以及那些認為自己能夠從戰爭中獲利的人。戰爭會傷害到所有人，最終也會傷害到這些想要從中獲利的人。

「解決戰爭問題的方法並不是投入更多的人力物力去想著如何給對方造成更大的傷害。我們必須要回到問題的根本上來。我們必須要意識到參戰雙方的根本利益都是一致的，損害某一方的利益也必然會損害到自己的利益。

「我們必須要知道這點，我們也要有足夠的勇氣去這樣做。我們這個國家有一億多人口，他們都來自世界上不同的國家與民族，因此我們必須要團結起來，每個人都要盡可能地去做有益於這個國家的事情。這樣的話，我們就能向歐洲人展示出一個關鍵所在，那就是當那些因為戰爭而身體殘疾的人拖著殘缺的身體回到已經變成廢墟的家時，才會明白一點，那就是和平與友愛真的是能夠得到回報的。這才是真正具有實用價值的做法。

「我們能夠對他們說，我們其實是想要真正去幫助他們的。只要我們說這話的時候背後不是藏著一把槍的話，那麼他們是會相信的。

「假設我們真的要攜帶一把槍，那麼這把槍也只能用於保衛這個國家而已。我們必須要坦誠地說，我們相信武力，而不相信任何其他的東西。我們必須要承認一點，那就是人與人之間的兄弟情義以及互助的理想都必須要臣服於權力以及彼此殺戮的決心上。只有當一個人產生了要去殺害對方的念頭時，這樣的情況才會出現。我們必須要放棄這個國家賴以建立與發展的根本基礎，必須要放棄我們過去取得的一切輝煌成就。

「但是，如果我們的國家不會像那些窮兵黷武的國家那樣，盲目地以武力去征服其他國家的話，我們就必須要將這個國家建立在一個牢固的基礎之上。我們必須要勇敢無畏地前行，不要後退。我們必須要用信念去忍受這一過程中出現的各種痛苦與挫折。隨著時間的流逝，我們這個國家將會變得越來越強大。

「追求民主與自由，建立一個偉大而富強的國家是每個公民的意願，每個人都有過上舒適、富足與幸福的生活的權利，人與人之間希望擁有兄弟般的情義，有著互助友愛的思想——這些才是真正具有實用價值的東西。這些才是我們應該建立在一個堅定穩固基礎之上的東西。這些才是會永遠傳承下去的東西。這些才是最終會讓我們得到回報的東西。

「在我的人生裡，我已經一再證明了這樣的理念。對於其他相信這樣理念的人，他們也能夠給出自己足夠的證明來證實這樣的理念。美國就是在這樣一個理念的基礎之上，最終成為當今世界上最富裕、最成功的國家。只要我們繼續信仰這樣的理念，在這樣的理念的指導下繼續發展，那麼我們將會變得更加富足與成功。

「我的人生歷程就是這種理念的產物。如果說我的人生教會了我什麼，我要說就是這樣的一種理念。我將利用自己所有能量與時間，去向其他人證明這樣的理念。只要我們相信這樣的理念，只要我們能夠在此理念的指導下，去釋放自身的能量與力量，不要去傷害別人，而要去幫助別人，那麼這最終也會帶給我們無盡的益處。」

本書雖然就此結束了，但這只是亨利·福特人生最大挑戰的開始，相信在未來的日子裡，亨利·福特能夠為員工、為社會，乃至為整個世界的和平與發展做出更多的貢獻。

電子書購買　　爽讀 APP

國家圖書館出版品預行編目資料

鋼鐵意志，亨利．福特的工業夢：創新精神 × 標準化流程 × 現代商業模式……引領全球機械產業的工業巨匠，名為「福特」的汽車帝國！/ [美] 蘿絲．懷德．萊恩（Rose Wilder Lane），遲文成 譯 . -- 第一版 . -- 臺北市：財經錢線文化事業有限公司 , 2024.09
面；　公分
POD 版
ISBN 978-957-680-988-0(平裝)
1.CST: 福特 (Ford, Henry, 1863-1947) 2.CST: 傳記
785.28　113012734

鋼鐵意志，亨利．福特的工業夢：創新精神 × 標準化流程 × 現代商業模式……引領全球機械產業的工業巨匠，名為「福特」的汽車帝國！

臉書

作　　者：[美] 蘿絲．懷德．萊恩（Rose Wilder Lane）
翻　　譯：遲文成
發 行 人：黃振庭
出 版 者：財經錢線文化事業有限公司
發 行 者：財經錢線文化事業有限公司
E-mail：sonbookservice@gmail.com
粉 絲 頁：https://www.facebook.com/sonbookss/
網　　址：https://sonbook.net/
地　　址：台北市中正區重慶南路一段 61 號 8 樓
8F., No.61, Sec. 1, Chongqing S. Rd., Zhongzheng Dist., Taipei City 100, Taiwan
電　　話：(02) 2370-3310　　傳　　真：(02) 2388-1990
印　　刷：京峯數位服務有限公司
律師顧問：廣華律師事務所 張珮琦律師

定　　價：350 元
發行日期：2024 年 09 月第一版
◎本書以 POD 印製
Design Assets from Freepik.com